Stromaufwärts

Eine persönliche Reise durch das
Obere Mittelrheintal zwischen Koblenz und Bingen

von Moritz Meyer

Impressum

Verlag: Mittelrhein-Verlag GmbH
August-Horch-Straße 28 · 56070 Koblenz

Kooperationspartner: Entwicklungsagentur Rheinland-Pfalz e. V.
Adolf-Kolping-Straße 4 · 55116 Mainz

Autor: Moritz Meyer

Fotograf Titelbild: Reinhardt Hardtke

Gestaltung: Sandy Flechtner

Lektorat: Kathrin Hohberger

Druck: Druckerei Hachenburg GmbH
Saynstraße 18 · 57627 Hachenburg

© Mittelrhein-Verlag GmbH 2017

Alle Rechte vorbehalten.
Übernahmen jeglicher Art bedürfen der schriftlichen
Genehmigung des Verlages.

Stand: Juni 2017

ISBN-Nummer: 978-3-925180-11-8

Stromaufwärts

Eine persönliche Reise durch das
Obere Mittelrheintal zwischen Koblenz und Bingen

von Moritz Meyer

Vorwort · Roger Lewentz

Liebe Leserin, lieber Leser,

am Rhein begann einst die Ära der Reisebücher und der deutschen Flussreiseschiffe: Bücher und Schiffe begleiten uns hier seit rund 200 Jahren – und haben den Ruf einer sagenumwobenen Landschaft mitgeprägt. Mit dem Burgenblogger tragen wir diese Tradition in die Moderne. Jeden Sommer freuen wir uns im Tal auf einen schreibenden Gast, der unsere Heimat besucht, mit den Menschen der Region spricht und immer neue Geschichten erzählt.

Von Mai bis November 2016 war Moritz Meyer zu Gast auf der Burg Sooneck, hat viele Menschen interviewt und die besten Geschichten und Tipps in diesem Reiseführer notiert. Ich hoffe, dass ihm noch viele Burgenblogger folgen werden, die erleben und berichten, was sich im Mittelrheintal verändert, wie auf dem Loreleyfelsen (wieder) große Konzerte geboten werden und die Region Schritt für Schritt attraktiver wird.

Mit der Bewerbung um die Bundesgartenschau 2031 haben wir uns schon ein neues – weites – Ziel gesetzt. Schon heute können Sie viel darüber lesen und sich beteiligen – denn nur gemeinsam bringen wir die Region voran.

Ob Sie nur zu Besuch im Tal sind oder seit Jahren hier leben: Dieses Buch bietet für jeden eine Fülle von Informationen. Sie können hier über schöne Orte, beschauliche Cafés, gute Restaurants und die Menschen lesen, die sich für unsere Heimat engagieren. Genießen Sie Ihre Lesezeit bei einem guten Gläschen Wein vom Mittelrhein und lassen Sie sich zu einer entspannenden Wanderung mit der Familie oder einem Wochenende mit Freunden in dieser einzigartigen Kulturlandschaft inspirieren.

Ich wünsche Ihnen eine gute Zeit im Tal der Loreley und auf den Höhen!

Ihr

Roger Lewentz, MdL
Minister des Innern und für Sport des Landes Rheinland-Pfalz

Vorwort · Moritz Meyer

Das „Oma-Café" kann auch anders

Es war mal wieder einer dieser typischen Artikel. Im Frühjahr 2016 schrieb die Süddeutsche Zeitung: „Das Mittelrheintal bleibt Deutschlands größtes Oma-Café." Damit nicht genug: Der Autor bezeichnete die Region als die „möglicherweise uncoolste Destination unter der Sonne". Autsch! Wenige Wochen, nachdem dieser Artikel erschienen war, sollte ein Teil dieses Tals mein zweites Zuhause werden. Ich zog als „Burgenblogger" auf die Burg Sooneck nach Niederheimbach. Sechs Monate lang lebte ich im Oberen Mittelrheintal, dem Unesco-Welterbegebiet. Im Auftrag der Entwicklungsagentur Rheinland-Pfalz, der Rhein-Zeitung und der Generaldirektion Kulturelles Erbe Rheinland-Pfalz sollte ich die Menschen und diese Region entdecken, erkunden, erforschen und meine Erlebnisse im Burgenblog niederschreiben.

Heute kann ich sagen: Ich habe während meines Aufenthalts ein anderes Mittelrheintal erlebt als der Autor der SZ. Ich finde: Es geht an vielen Orten deutlich sichtbar voran. Die Generation von Hoteliers, Gastronomen und Winzern, die in der Vergangenheit gut von Kegelclubs und Busreisen gelebt hat, tritt ab. Ihre Nachfolger sind heimatverbundene, junge und modern denkende Menschen. Sie trauen sich, Dinge anders zu machen als die Generationen vor ihnen. Auch wenn das mit Risiken verbunden ist.

Ich möchte Ihnen vor allem diese Menschen vorstellen, die mit frischem Wind den Muff aus dem „Oma-Café" blasen. Mit diesem Buch will ich Sie mitnehmen

auf eine ganz persönliche Reise durch dieses vermeintlich uncoole Tal. Es gibt viel Neues im Welterbetal zu entdecken und einiges neu zu entdecken. Ich erhebe dabei keinen Anspruch auf Vollständigkeit oder Objektivität. Betrachten Sie dieses Buch vor allem als Anregung, auf eigene Faust loszuziehen. Es ist kein Reiseführer, sondern ein Reisebegleiter.

Zum Schluss dieser Einleitung noch eine kleine Gebrauchsanweisung: In den folgenden Kapiteln werde ich Ihnen das Tal von Norden nach Süden vorstellen. Quasi gegen den Strom schwimmend, arbeiten wir uns von Koblenz über Boppard, Sankt Goarshausen, Oberwesel nach Rüdesheim und Bingen vor. Verzeihen Sie mir, wenn ich hier und da verkürzend vom „Mittelrheintal" rede. Ich meine damit immer das Obere Mittelrheintal, wohl wissend, dass es auch noch ein Unteres Mittelrheintal gibt, das nicht weniger lebens- und sehenswert ist. Häufig werde ich, um Ihnen die Orientierung zu erleichtern, von „rechts-" und „linksrheinisch" schreiben. Wenn ich das tue, blicke ich dabei immer in Fließrichtung des Rheins. Und nun wünsche ich Ihnen viel Spaß auf der Entdeckungstour im Unesco-Welterbegebiet Oberes Mittelrheintal!

Herzlichst,

Ihr Moritz Meyer

Inhaltsverzeichnis

Cooles Koblenz:
Die einstige Beamtenstadt erfindet sich neu — 18

„Anything can happen!": Seit mehr als 30 Jahren bringt
Shay Dwyer den Koblenzern in seinem Pub bei, wie Iren feiern — 24

„Bloß keine Sonnenuntergänge":
Unterwegs durch Koblenz mit der Instagrammerin Sandra Bruns — 29

Perspektivwechsel:
Die Shirts des Designers Mick Noll verändern den Blick auf Koblenz — 35

Landesmuseum, Szene, Gewürze: Meine Tipps für Koblenz — 40

Inhaltsverzeichnis

Ab hier nur noch Fähre: Von Stolzenfels nach Boppard	**44**
Was ist eigentlich der Mittelrhein – und wenn ja, wie viele?	44
Bleihaltige Luft: Schloss Stolzenfels und die Marksburg	47
Verbindende Elemente: Die Fähren am Mittelrhein	50
Rettet die Weine: Ehrenamtliche Winzer in Brey und Braubach	54
Die Letzten ihrer Art: Die einst begehrte Mittelrheinkirsche soll überleben	59
Wie bei „Tante Emma": In Osterspai betreiben die Einwohner ihren Dorfladen selbst	65

Inhaltsverzeichnis

Lost Places in Boppard   68

Kunst und Handwerk:
Ein Besuch im Bopparder Stadtmuseum mit dem Künstler Frank Kunert   71

Mit Nostalgie ins 21. Jahrhundert:
Das Bopparder Jugendstil-Hotel Bellevue geht in die fünfte Generation   76

„Bitte ohne Putenbruststreifen":
Vegane Küche im Bopparder Karmeliterhof   80

Vinothek, Klettersteig, Ziegen:
Meine Tipps von Stolzenfels bis Boppard   82

Inhaltsverzeichnis

Im Herzen des Welterbes:
Zwischen Sankt Goarshausen und Oberwesel 88

Der Welterbeverband 89

Zwischen drei Burgen: Katz-und-Maus-Spiel und Burg Rheinfels 92

Lotsen und Schifffahrt am Mittelrhein 95

Zeit für eine Typveränderung:
Wie Künstlerin Jana Wendt die Loreley sieht 98

Zwischen Himmel und Ääd: Ein Besuch auf Maria Ruh 104

Inhaltsverzeichnis

Klassik für lau:
Die Internationale Musikakademie Sankt Goar   107

Loreley-Rock:
In Bernies Blues Bar lassen es sogar tasmanische Teufel krachen   110

Freifunk für Dukatenscheißer:
Oberwesel zwischen Mittel- und Internetzeitalter   114

Trittsicher und schwindelfrei:
Eine Wanderung über den Oelsbergsteig von Oberwesel   119

Griechischer Wein: Das Weingut Lithos
verbindet Niederrhein, Mittelrhein und Westpeloponnes   126

Pommesbude, Flüchtlingscafé, Online-Wein:
Meine Tipps von Sankt Goarshausen bis Oberwesel   130

Inhaltsverzeichnis

„Let's Do the Time Warp Again!" –
Von Rheinromantik und Kellerkino in Bacharach   136

Das ist hier doch nicht Cuba! Ein Besuch in Kaub   139

Dornröschen wecken: Wie Gärtner Christian Lenz
für Niederheimbach neue Sehenswürdigkeiten schafft   145

Der strenge Blick des Preußenkönigs: Ein Besuch auf Burg Sooneck   149

Hotspot Lorch: Zwischen Rheingau und Mittelrhein
erblüht ein Eldorado der Artenvielfalt   153

„Sie war seine Bühne":
Wie Markus Hechers Vater zur Burg Rheinstein kam   159

Wein vom Bahnhof, Bikertreff, das beste Steak:
Meine Tipps von Kaub bis Burg Rheinstein   164

Inhaltsverzeichnis

An der Pforte zum Welterbe: Bingen und Rüdesheim   **172**

Topmanagerin im 12. Jahrhundert:
Über Mythos und Fakten im Leben der Hildegard von Bingen   177

Geschichten vergangener Größe:
Ein Rundgang durch Rüdesheim mit einem Reiseführer von 1979   185

Burger, Weinbar, Rotwein:
Meine Tipps für Bingen und Rüdesheim   193

Inhaltsverzeichnis

Ende einer Rheinreise	**196**
Fotonachweis	200

Cooles Koblenz:
Die einstige Beamtenstadt erfindet sich neu

Es gibt jetzt Coworking-Spaces in Koblenz. Großstädter mögen auf diese Ankündigung vielleicht mit einem Achselzucken reagieren: „Na und? Bei uns gibt es Dutzende." Wer eher vom Land kommt, fragt sich vielleicht, was das überhaupt sein soll, so ein „Kowörking-Spaiß". Nun, es ist vor allem eine kleine Botschaft. Es hat sich was verändert in Koblenz, dieser ehemaligen Beamtenstadt, die irgendwann einmal jemand zwischen Köln und Frankfurt im Westerwald hat liegen lassen. Auf einmal aber: urbanes Flair, moderne Arbeitsplätze für digitale Nomaden, Kreative und solche, die es werden möchten und darum an Unis „Was mit Medien" studieren. Man könnte fast sagen: Es gibt so was wie Großstadtleben in Koblenz.

Die Stadt sieht sich selbst als Tor zum Oberen Mittelrheintal. Als einzige Großstadt im gesamten Welterbegebiet nimmt sie in dieser Region in jedem Fall eine Sonderstellung ein. Und wird im Rest des Tals nicht immer geliebt dafür. Aber in vielerlei Hinsicht ist die Entwicklung der Stadt Koblenz die Blaupause für das, was im restlichen Mittelrheintal noch passieren soll. Die Bundesgartenschau im Jahr 2011 war der entscheidende Impuls für eine positive Stadtentwicklung, die nun, in den Jahren danach, Früchte trägt. Wenn es im Jahr 2031 mit einer Bundesgartenschau am Mittelrhein ebenso gut klappt, wären alle Beteiligten sicher sehr zufrieden.

Bestes Beispiel für die positive Entwicklung: die Festung Ehrenbreitstein. Obwohl geradezu vor der Haustür der Bürger gelegen, spielte die – im frühen 19. Jahrhundert in ihrer heutigen Form wiedererrichtete und damit recht junge – Preußenfeste im kulturellen Leben der Stadt nur eine untergeordnete Rolle. Abgekoppelt von den übrigen Sehenswürdigkeiten der Stadt erlebten die meisten Touristen Ehrenbreitstein nur aus der Ferne. Ein imposantes Fotomotiv auf der anderen Rheinseite, das ja. Aber rüberfahren und in die jahrtausendealte Geschichte des bedeutenden Stützpunkts eintauchen? Eher nicht.

Dabei spiegelt die Festung die bewegte Historie dieser Region wider wie kaum ein anderes Bauwerk. Bis in die Bronzezeit lassen sich Spuren von menschlichen Ansiedlungen an diesem Ort nachweisen, der, militärisch gesehen, absolute Toplage ist. Von hier hat man den besten Überblick über das gesamte Mittelrheinbecken zwischen Eifel, Taunus, Hunsrück und Westerwald und den bedeutsamen Zusammenfluss von Rhein und Mosel. Weshalb der Standort hart umkämpft war. Eineinhalb Jahre brauchten die Franzosen, bis sie die barocke Festung im Jahr

1799 endlich zu Fall brachten. Als die Region ein paar Jahre später zurück an das Königreich Preußen fiel, erbaute dieses die imposante Festung neu. Inzwischen haben die Koblenzer Bürgerinnen und Bürger sie zurückerobert und verteidigen ihren zurückgewonnenen Schatz ebenso vehement wie die Vorbesitzer.

Dass die Festung Ehrenbreitstein inzwischen eine der meistbesuchten Sehenswürdigkeiten in Rheinland-Pfalz ist, das ist vor allem der spektakulären Seilbahn zu verdanken. Sie wurde anlässlich der Bundesgartenschau 2011 errichtet und verbindet nun das linksrheinische Stadtufer mit dem 112 Meter höher gelegenen Festungsplateau. Eine Fahrt mit der Gondel über den Rhein hoch zur Festung gehört längst zum Pflichtprogramm eines jeden Koblenz-Besuches. Dass dies nun bis mindestens 2026 möglich sein wird, ist dem Einsatz der Koblenzer Bürger zu verdanken.

Ursprünglich sollte die Seilbahn nur für ein paar Jahre fahren und danach wieder abgebaut werden. Grund waren Bedenken von internationalen Denkmalschützern der Unesco, die den Betrieb der Gondelbahn zur Buga nur mit zwei zugedrückten Augen genehmigten. Angeblich würde die Seilbahn historische Blickbeziehungen zwischen den Bauwerken der Stadt zerstören. „Nicht welterbeverträglich", lautete das vernichtende Urteil der Unesco-Experten, die

nach der Buga den schnellstmöglichen Abbau der Seilbahn forderten: Entweder kommen die Gondeln wieder weg – oder der Welterbetitel für das Obere Mittelrheintal!

Doch da haben sie die Rechnung ohne die Bürger der Stadt gemacht. Die Koblenzer ließen sich von dieser Drohkulisse nicht einschüchtern. Sie sammelten Unterschriften, gingen auf die Straße für „ihre Seilbahn" und schafften mit diesem Engagement etwas nahezu Einmaliges. Dieses eine Mal setzten sich die Bedenkenträger nicht durch. Das zuständige Unesco-Gremium entschied gegen den Rat der Denkmalschützer: Seilbahn und Welterbe, das geht doch zusammen. Eine Einsicht, zu der man den Hütern des Welterbes nur gratulieren kann. Denn was sind großartige Stätten wie die Festung wert, wenn die Menschen sie nicht erleben und nutzen dürfen?

Inzwischen darf man mit Fug und Recht sagen: Koblenz ist ohne Seilbahn fast nicht mehr vorstellbar. Bis zu 7600 Gäste pro Stunde können in 18 Kabinen die 850 Meter lange Strecke hoch zur Festung befördert werden. Tipp für Mutige: Die Kabine mit der Nummer 17 hat als einzige ein Glaselement im Boden und bietet damit eine ungewöhnliche Perspektive bei der Überfahrt über den Rhein. Wer es hingegen nicht so mit Höhe hat, zittert sich in Kabine 18. In der sind alle Plätze nach innen gerichtet, um den Mitfahrern ein wenig mehr

Sicherheit zu vermitteln. Mehr als zehn Millionen Mal sind die Gondeln schon über den Rhein geschwebt und haben dazu beigetragen, dass inzwischen rund 700 000 Besucher pro Jahr den Weg hinauf zur Festung finden.

Damit die sich dort wohlfühlen, wurden mehr als 50 Millionen Euro in eine Frischzellenkur für das Gelände investiert. Es gibt Gastronomie, die sowohl den „kleinen Hunger" stillt als auch ein ordentliches Mittagessen im stilvollen Ambiente des „Restaurant Casino" im ehemaligen Offizierscasino ermöglicht. In der Jugendherberge auf der Festung lässt sich günstig und mit großen Gruppen übernachten. Zusätzlich locken ganzjährig Ausstellungen und Veranstaltungen. Es empfiehlt sich also, vor einem Besuch einen Blick ins aktuelle Programm der Festung zu werfen. Ansonsten könnte es passieren, dass man sich unversehens zwischen den Zehntausenden Besuchern des Gauklerfests oder eines Historienspektakels wiederfindet. Was auch nicht schlimm ist, feiern lässt sich dort oben ebenfalls ganz wunderbar. Aber einfach mal ruhig übers Gelände schlendern, das geht dann nicht. Doch es sind nicht nur die touristischen Attraktionen in Koblenz, die seit der Buga aufblühen.

Die wachsende Universität trägt ihren Teil dazu bei, Koblenz zu verjüngen und eine Szene für Pop- und Subkulturen zu etablieren. Das jährliche „Barcamp Koblenz" hat einen festen Platz im Terminkalender der Digital- und Social-Media-Nerds aus der Region. Noch ist man ein gutes Stück entfernt vom urbanen Lebensgefühl nahe gelegener Großstädte wie Mainz, Frankfurt oder Köln. Aber die Richtung stimmt. Wer sich selbst davon überzeugen will, kommt am besten zum Koblenzer Sommerfest in die Stadt. Das Festival am Rheinufer vertreibt die letzten Reste kleinbürgerlicher Gemütlichkeit. Selbst unter den Augen von Kaiser Wilhelm I., dessen Reiterstandbild am Deutschen Eck immer noch die markanteste Sehenswürdigkeit der Stadt ist, regieren dann statt preußischer Großmannssucht Leichtigkeit und Lebensfreude. In vielen anderen Städten sind derartige Stadtfeste geprägt von Kirmestechno und Autoscooter. Schön, dass sich die Koblenzer Veranstalter für einen anderen Weg entschieden haben. Das Bühnenprogramm liegt in den Händen lokaler Veranstalter, die nach eigenem Gusto schalten und walten dürfen. Die stellen ein äußerst abwechslungsreiches Programm auf die Beine, mit Gypsy und Kölschrock, mit Weltmusik und Irish Folk, mit lokalen Indie-Bands und Schlagergrößen. Wenn am Samstagabend der letzte Ton auf den Bühnen verklungen ist, richten sich die Blicke dann wieder gen Rhein und Festung. Während sich die gesammelte Flotte der Rheinschifffahrtslinien auf dem Wasser in Position bringt, suchen die Festivalbesucher den besten Platz am Ufer, um das spektakuläre Feuerwerk „Rhein in Flammen" mitverfolgen zu können. Vier Tonnen Böller und Raketen werden dann musiksynchron von der Festung Ehrenbreitstein abgefeuert. Es ist der Höhepunkt im jährlichen Veranstaltungskalender der Stadt.

Festung Ehrenbreitstein
56077 Koblenz · 02 61/66 75 40 00 · diefestungehrenbreitstein.de
Öffnungszeiten: April bis Oktober täglich von 10 bis 18 Uhr und November bis März täglich von 10 bis 17 Uhr. Nach den offiziellen Schließungszeiten in der Regel freier Zutritt zum Gelände und zur Gastronomie.

Restaurant „Casino" in der Festung Ehrenbreitstein
Felsenweg · 56077 Koblenz · 02 61/66 75 20 20 · anfrage@cafehahn.de

Jugendherberge in der Festung Ehrenbreitstein
56077 Koblenz · 02 61/97 28 70 · koblenz@diejugendherbergen.de

Seilbahn Koblenz
Bergstation: Greiffenklaustraße · 56077 Koblenz
Talstation: Konrad-Adenauer-Ufer · 56068 Koblenz
02 61/20 16 58 50 · info@seilbahn-koblenz.de · seilbahn-koblenz.de

 „Anything can happen!": Seit mehr als 30 Jahren bringt Shay Dwyer den Koblenzern in seinem Pub bei, wie Iren feiern

Es ist das ganz normale Chaos, das an diesem Samstagabend im Irish Pub von Shay Dwyer tobt. Aber heute hat der Chef der Koblenzer Traditionskneipe weder Augen noch Ohren dafür. Sänger Brian McGovern stimmt gerade mit dem Publikum den Chorus von Bon Jovis Rock-Hymne „Livin' on a Prayer" an, im verzweifelten Versuch, das Gegröle eines Junggesellenabschieds zu übertönen. Die von Alkohol und Gruppendynamik aufgestachelten Männer werfen sich in Machoposen, genervte Kellnerinnen bemühen sich um ihre Beherrschung. „Wooo-ho! Livin' on a Prayer!", schallt es aus hundert Kehlen, aber Shay Dwyer fährt seinen eigenen Film. Vor zwei Stunden hat die Nationalmannschaft seiner Heimat Irland in einem historischen Rugby-Match gegen England gesiegt. Beseelt lässt er die entscheidenden Szenen vor seinem inneren Auge ablaufen. An diesem Abend kann für ihn nichts mehr schiefgehen.

Seit 1985 betreibt Dwyer das Irish Pub in der Altstadt und ist inzwischen nicht nur im Koblenzer Nachtleben eine Institution. Irish Pubs gibt es Hunderte in Deutschland. Doch nur wenige haben sich einen solchen Namen gemacht wie der Koblenzer Guinness-Tempel. Die „Irish Times" kürte Dwyers Laden im Jahr 2015 zum drittbesten Irish Pub außerhalb Irlands. Für den Wettbewerb waren 1500 Vorschläge aus 41 Ländern eingegangen. „Das Pub ist das Juwel in der pittoresken Koblenzer Altstadt", hieß es damals in der Lobeshymne der Zeitung.

Kapitel 1 · Cooles Koblenz

Zum Juwel gemacht hat es Shay Dwyer. Dass es den Iren nach Koblenz verschlug, war Zufall. Anfang der 1980er-Jahre half er seinem Bruder aus, der bereits ein Irish Pub in Frankfurt hatte, damals eines der ersten in Deutschland. Beliefert wurde er von einer bayerischen Brauerei, die sich über den erstaunlich hohen Bierverbrauch in der neuartigen Kneipe wunderte und eine gute Gelegenheit witterte, den Absatz zu steigern. Schnell beschloss man, das Geschäft zu erweitern, und suchte nach einer Möglichkeit, ein weiteres Irish Pub zu eröffnen. In Koblenz fand man das passende Objekt, und am 26. Juni 1985 eröffnete Shay Dwyer sein eigenes Irish Pub.

Dem hat er sich nun mit Leib und Seele verschrieben. Wie ein Leuchtturm sein Signalfeuer verbreitet Dwyer Gastfreundlichkeit in alle Richtungen; selbst wenn man ihn ahnungslos mitten im wichtigsten Rugby-Match des Jahres von der Seite anspricht. Was man sich ungefähr so vorstellen muss, als würde man einen deutschen Fußballfan in der 89. Minute des WM-Finales fragen, wer denn die in den weißen Trikots sind. Doch Shay Dwyer kann nicht anders. Er bleibt auch in solchen Momenten die Freundlichkeit in Person.

Jeder Besucher soll sich sofort wie zu Hause fühlen. Das macht ein gutes Irish Pub aus, findet Dwyer. Dazu braucht es eine vernünftige Auswahl an Bier- und Whiskeysorten, Livemusik und die richtige Einrichtung und Atmosphäre. Und natürlich muss man die Pub-Kultur leben. Ein Ire erkennt schon beim Reinkommen, ob ein Irish Pub echt ist, sagt Dwyer und erinnert sich an einen Aufenthalt in Rom.

Um ein wichtiges Rugby-Spiel sehen zu können (es ist nicht ganz klar, ob es auch unwichtige Rugby-Spiele im Leben von Shay Dwyer gibt) suchte er ein Irish Pub made in Italy auf. Doch die Besitzer hatten keine Ahnung von dem Spiel. Dwyer war erschüttert. Durchgefallen! Ein solcher Fauxpas könnte ihm nicht passieren. Wenn es sein muss, öffnet er für seine Landsleute auch schon um 9 Uhr morgens, um ein Spiel zu zeigen. In Deutschland ist Rugby freilich kein Straßenfeger, selbst wenn in Dublin das Spiel des Jahrzehnts läuft. Und so haben sich an diesem Tag nur ein gutes Dutzend Iren und Engländer im Koblenzer Irish Pub eingefunden, um zu sehen, ob es Irland gelingen wird, eine Serie von 18 Spielen ohne Niederlage der englischen Nationalmannschaft zu stoppen. Noch ein Sieg mehr wäre Weltrekord, 19 Siege hat noch keine Mannschaft zuvor geschafft.

Die Lust am Sich-Messen, an Rekorden ist typisch für die Irish-Pub-Kultur. Nicht umsonst wurde die wichtigste Rekordsammlung der Welt von der bekanntesten irischen Brauerei erfunden. Und auch das Koblenzer Irish Pub hat einen Eintrag im Guinnessbuch der Rekorde. Das hauseigene Drachenboot-Team hält den Rekord für die längste Strecke, die eine Besatzung in 24 Stunden je gepaddelt ist. 240,35 Kilometer sind seit 2015 im Rekordbuch verzeichnet. Auch auf großen Drachenboot-Regatten ist das Koblenzer Team regelmäßig vorne mit dabei, Teams mit dem Logo des Irish Pub nehmen an Fußballturnieren oder Highland-Games teil.

Kein Wunder, dass sich diese Lust am Wettkampf auch im Programm des Pubs wiederfindet. Jede Woche gibt es eine „Quiz Night" und das obligatorische Karaoke. Im Raucherkeller steht zwischen Zigarettenschwaden eine rege genutzte elektronische Dartscheibe. So ist immer was geboten im Koblenzer Irish Pub, das gerade für englischsprachige Touristen eine wichtige Anlaufstelle geworden ist. Briten, Iren, Amerikaner finden bei Dwyer eine Oase im fremden Land. Hier können sie sich in ihrer Sprache unterhalten, Landsleute treffen und sich von Dwyer verlässliche Tipps für ihren Aufenthalt in Koblenz holen.

Nach mehr als 30 Jahren in der Stadt kennt er inzwischen jede Ecke. In den vergangenen Jahren hat sich viel zum Besseren entwickelt, findet er. Plätze wie der Görres- oder der Münzplatz haben sich von Stellflächen für Autos zu beliebten Innenstadttreffs entwickelt. Die Altstadt wurde behutsam wieder aufgebaut. Und auch die Mentalität der Koblenzerinnen und Koblenzer hat sich verändert.

Wieder muss ein Sportereignis als Beispiel herhalten. Als Deutschland 1990 Fußball-Weltmeister wurde, saß in seinem Pub eine Gruppe Männer. Doch an-

statt ausgelassen den Erfolg zu feiern, wurde gemeckert, dass Deutschland doch reichlich schlecht gespielt hätte. „What is wrong with you, guys?", dachte Dwyer damals über dieses „typisch deutsche" Verhalten. Zwölf Jahre später verlor Deutschland dann das WM-Finale gegen Brasilien. Und junge Menschen kamen trotzdem mit einem Lächeln in dens Pub. „Da habe ich gemerkt, dass sich etwas verändert hat. Früher war Koblenz eine Soldatenstadt. Heute ist es eine Stadt für Studenten und Touristen", erinnert sich Dwyer.

Das legendäre Rugby-Match ist nun zu Ende, und Irland hat tatsächlich den historischen Sieg geschafft. Shay Dwyer und die übrigen irischen Anhänger liegen sich in den Armen. Die wenigen anwesenden Engländer bestellen sich erst mal ein Frustbier, auch um den nun auf sie niedergehenden Spott der Inselnachbarn aushalten zu können. Ein wenig Trost spendet die Lokalrunde, die Dwyer im Überschwang schmeißt. „Du kommst hier einfach rein, und plötzlich erlebst du so was", sagt er und fasst damit gleichzeitig das Erfolgsrezept seines Pubs zusammen. Einerseits wissen seine Gäste, was sie im Irish Pub erwartet. Und trotzdem können an jedem Abend verrückte Dinge passieren.

Was sich wenig später erneut bestätigen wird, als Andreas ans Mikrofon von Brian McGovern tritt. Er ist der Junggeselle, der von seinen Kumpels an diesem Abend verabschiedet wird. Andreas trägt ein blau-glitzerndes Kleid, das wohl eine Hommage an den Film „Die Eiskönigin" sein soll. Den Punkt, an dem er zu eigenen Entscheidungen fähig ist, hat er schon seit einer Weile überschritten. Nun soll er auf Geheiß seiner Begleiter – ob es wirklich seine Freunde sind, ist in diesem Moment nicht mehr sicher – „Wonderwall" von Oasis anstimmen. Was sich als seltsame Wahl herausstellen wird, denn bis auf die Textzeile „And after all, you're my wonderwall" beherrscht Andreas keine einzige Passage des Lieds. Zum Glück sind die Pub-Besucher und Brian McGovern textsicher zur Stelle und helfen Andreas durch den Auftritt. Hier wird eben niemand hängen gelassen. Typisch Irish Pub Koblenz eben.

> **Irish Pub Koblenz**
> Burgstraße 7 · 56068 Koblenz · 0261/97381388
> irishpubkoblenz@web.de · irishpubkoblenz.de

 ## „Bloß keine Sonnenuntergänge": Unterwegs durch Koblenz mit der Instagrammerin Sandra Bruns

Vielleicht muss man, so wie Sandra Bruns, fast 20 Jahre in der Koblenzer Region gelebt haben, um einen quadratisch-praktisch-guten Beton-Zweckbau aus den 50er-Jahren attraktiv zu finden. Aber Sandra Bruns sieht die Welt eben mit anderen Augen. Und so stehen wir nun mitten in Koblenz vor einem Nachkriegs-Gymnasium und Sandra sagt allen Ernstes: „Koblenz ist doch eine fotogene Stadt."

Sandra Bruns ist Gründerin des Instagram-Accounts „Koblenzergram", der ungewöhnliche, beeindruckende und kreative Motive aus der Stadt am Deutschen Eck sammelt und auf der Fotoplattform im Netz veröffentlicht. Am Wahrzeichen von Koblenz hat die Netz-Fotografin sich allerdings sattgesehen: „Bitte nicht noch einen Sonnenuntergang vor dem Reiterstandbild", stöhnt sie mit gespielter Qual. Nein, mit solchen Postkartenklassikern lockt man in der Welt von Instagram niemanden hinterm Ofen vor. Dort zählen die ungewöhnlichen Ansichten.

Das Fotonetzwerk Instagram startete im Jahr 2010 und ermöglicht es den Nutzern, ihre mit dem Smartphone geschossenen Fotos unkompliziert im Internet zu veröffentlichen. Das Besondere bei Instagram: Die Nutzer können ihre Fotos mit einer Reihe von Filtern bearbeiten und ihnen damit ein besonderes Aussehen geben, zum Beispiel die Anmutung eines Polaroids oder eines Urlaubsfotos aus den 60er-Jahren. Heute gehört Instagram zu den beliebtesten sozialen Netzwerken der Welt mit mehr als einer halben Milliarde Nutzer, davon rund neun Millionen in Deutschland. In vielen Städten in Deutschland gibt es inzwischen lokale Gemeinschaften von Instagram-Nutzern, die sich untereinander austauschen, vernetzen und auf gemeinsamen Fotostreifzügen ihre Heimat erkunden, immer auf der Suche nach neuen, fantasievollen und unterhaltsamen Motiven.

Sandra Bruns nutzt Instagram seit 2015. Man findet sie dort unter ihrem Nutzernamen „sandrabrunsgram". Die Journalistin war sofort begeistert von den Möglichkeiten der Plattform. Bei einem Treffen mit anderen Koblenzer Social-Media-Enthusiasten auf dem „Barcamp Koblenz" entstand der Wunsch, auch in Koblenz eine Instagram-Community zu etablieren und Fotografiebegeisterte zu vernetzen. Gemeinsam mit anderen Nutzern startete Sandra Bruns „Koblenzergram", inzwischen kümmert sie sich allein um das Profil. Die besten Motive findet sie nicht an sattsam abfotografierten Touristenattraktionen wie dem Deutschen Eck oder der Seilbahn.

Spannender findet Bruns die Südstadt, wo bauhausähnliche Nachkriegsbauten neben Altbauten aus dem frühen 20. Jahrhundert wild durcheinandergewür-

felt stehen. Auf der Rheinhalbinsel Oberwerth hingegen stehen noch Villen aus der Gründerzeit, während am dortigen Rheinufer die Koblenzer abseits des touristischen Trubels der Altstadt Entspannung finden. Auch rund um den Münzplatz wird Bruns fündig, wo immer mehr hippe, urbane Geschäfte die Innenstadt beleben. Zum Beispiel die Gewürzhandlung Pfeffersack & Söhne, in der man stundenlang an Madagaskar-Pfeffer, Vanillesalz, Zimtblüten und anderen exotischen Gewürzen schnuppern möchte. Und dann ist da natürlich das neu erbaute Forum Confluentes am Zentralplatz, dessen moderne, helle Architektur das Herz eines jeden Instagrammers höherschlagen lässt. Der Bau des Forums war von zahlreichen stadtpolitischen Kontroversen begleitet, von der Art der Nutzung bis hin zum Namen für das Gebäude. Nun kann man darüber streiten, ob der moderne Entwurf der Architekten Benthem Crouwel eine Bereicherung oder ein weiterer Fremdkörper in der ohnehin recht konfusen Stadtarchitektur ist. Auch das ebenfalls zum Forum gehörende Einkaufszentrum mit den obligatorischen Elektro-, Bekleidungs- und Schuhgeschäften ist sicher nicht jedermanns Geschmack. Ist man aber einmal drin im Forum Confluentes, sind alle Bedenken verflogen. Dann steht man staunend in der großartigen, hellen Architektur des Neubaus.

Das Forum beherbergt heute die Stadtbibliothek Koblenz, das Mittelrhein-Museum, die interaktive Ausstellung Romanticum und die Tourist-Information der Stadt. Insbesondere die Stadtbibliothek ist einen Besuch wert. Wer mag, geht (dann allerdings gegen Eintritt) bis auf die Dachterrasse hoch für einen Rundumblick über Koblenz. Die Bibliothek ist einer der Lieblingsorte in Koblenz von Sandra Bruns. Im Sommer 2016 startet sie darum hier ihren „Instawalk", einen Stadtrundgang, zu dem Instagrammer aus ganz Deutschland nach Koblenz kamen.

Einige der dazu angereisten Instagrammer und Instagrammerinnen erreichen 50000 und mehr Follower auf der Plattform. In der Koblenzer Stadtbibliothek fühlten sie sich wie Kinder im Bällebad. Einmal drin, wollten sie nicht mehr raus. Die schlichten Weiß-, Grau- und Schwarztöne sind wie gemacht, um mit den Lichtverhältnissen zu spielen. Dazu bieten die verwinkelten Treppen, Regalreihen und runden Ecken unzählige, spannende Perspektiven. Es ist ein Eldorado, und so entstanden allein an diesem Tag mehr als 100 Bilder von der Stadtbibliothek fürs Netz, die bis dato tausendfach gesehen wurden.

Die Ergebnisse einer solchen Bilderhatz fallen dabei ganz unterschiedlich aus. Manche Netzfotografen posten ununterbrochen Bilder auf ihren Profilen und dokumentieren so ihren Tag in Koblenz. Anders die Kölnerin Johanna, auf Instagram als „beautelicieuse" unterwegs. Ihr folgen mehr als 60000 Menschen auf der Plattform. Denen zeigt sie nur ein einziges Bild von ihrem Trip nach Koblenz, verbunden mit einer kurzen, persönlichen Geschichte dazu. Manchmal muss man sich eben rar machen. Auch Sandra Bruns bevorzugt schlichte, natürliche Motive, wenn sie Bilder für „Koblenzergram" auswählt. Ihre Aktivitäten hat sie inzwischen über die Stadtgrenzen ausgeweitet. Auf „Mittelrheingram" will sie nun die Schönheit des ganzen Welterbegebiets in den Fokus der Instagram-Community rücken. „Es gibt so schöne Landschaften und Orte am Mittelrhein", schwärmt sie, sagt aber auch: „Daraus könnte man viel mehr machen." Denn wenn die Foto-Community sich erst mal für einen Ort begeistert, erlangt dieser schnell Kultstatus im Netz. Das Vorbild dafür ist die gar nicht weit entfernte Burg Eltz in der Eifel.

Die malerische Burg aus dem 12. Jahrhundert ist zu einem wahren Mekka für die Instagram-Community geworden. Mehr als 10 000 Einträge gibt es zu der Burg bereits. Manche Fotografen verbringen Tage damit, auf die perfekten Lichtverhältnisse und Bedingungen für „ihr" Foto mit #BurgEltz zu warten. Das Schloss ist so zu einem Traumziel für die Foto-Community geworden. An vergleichbaren Motiven mangelt es am Mittelrhein nicht. Burg Pfalzgrafenstein, die Marksburg oder die Altstädte von Oberwesel, Bacharach und Boppard sind nicht minder sehenswert. Sandra Bruns will nun ihren Beitrag dazu leisten, dass sich das ändert. Wer ihr dabei helfen will, taggt seine Fotos auf Instagram mit #koblenzergram und #mittelrheingram. Vielleicht macht es dann auch am Mittelrhein bald „klick"!

Forum Confluentes
mit Stadtbibliothek, Romanticum und Mittelrhein-Museum
Zentralplatz 1 · 56068 Koblenz · Öffnungszeiten: täglich von 9 bis 20 Uhr

Mittelrhein-Museum
02 61/1 29 25 20 · info@mittelrhein-museum.de · mittelrhein-museum.de
Öffnungszeiten: täglich außer montags von 10 bis 18 Uhr

Romanticum
02 61/1 94 33 · Öffnungszeiten: täglich von 10 bis 18 Uhr

Perspektivwechsel: Die Shirts des Designers Mick Noll verändern den Blick auf Koblenz

Auf die Idee, den Grundriss einer längst geschlossenen Bierpinte als T-Shirt-Motiv zu nehmen, muss man erst mal kommen. Aber Mick Noll hat sich noch nie dafür interessiert, ob seine Koblenz-T-Shirts den Massengeschmack treffen. Wichtiger ist ihm, dass es eine Geschichte gibt. Und die „Kleine Freiheit" war für ihn der Ort, „wo jeder deinen Namen kennt". Im Jahr 2014 gingen hier die letzten Biere über den Tresen und dann die Lichter aus. Bei Nolls Klamottenlabel „Bunneswear" lebt die „Kleine Freiheit" nun als Shirt-Aufdruck weiter. Und als Statement für den Erhalt einer Kneipenkultur, die es nicht mehr

Stromaufwärts

oft gibt in Zeiten von Cocktailbars und Shisha-Lounges. Solche Botschaften sind Mick Noll wichtig. Sie stecken auch in seinen anderen Koblenz-Motiven. Wer am Mittelrhein auf der Suche nach originellen Souvenirs ist, wähnt sich des Öfteren in einem Heimatfilm aus den 70er-Jahren. Bierkrüge, Kuckucksuhren und der unvermeidliche Weihnachtskitsch von Käthe Wohlfahrt, den man in Rüdesheim selbst im Hochsommer bekommt, bedienen vor allem die Nachfrage der ausländischen Gäste. Natürlich wollen die ihren Besuch am Rhein mit einem „typisch deutschen" Mitbringsel belegen. Kein Problem: Auch wir Deutsche bringen uns aus New York einen Cowboy-Hut und aus Glasgow einen Schottenrock mit, essen selbst in Südtirol noch Pizza Margherita und in Hong Kong eine Peking-Ente. Klischees gehören zum Tourismus dazu.

Doch spätestens, wenn man mitten in einer der wichtigsten Weinregionen Deutschlands Klamotten mit „Hofbräuhaus"-Aufdruck entdeckt, fühlt man sich wie in einer Satire. Michael „Mick" Noll bekommt beim Gedanken daran Gänsehaut. Ihm war immer klar: Was in Köln, Berlin oder dem Ruhrpott möglich ist, muss doch auch hier gehen – sich auf coole und unpeinliche Weise zu seiner

Heimat zu bekennen. Und weil er in den Klamottenläden in Koblenz nicht fündig wurde, nahm er die Dinge selbst in die Hand. „Ich wollte eine Alternative zum Trikot der TuS Koblenz bieten", sagt er. Das Jersey des örtlichen Fußballklubs war lange Zeit das einzige adäquate Kleidungsstück für Koblenzer, ihre Herkunft zu zeigen. Der Stolz auf den sonst vermutlich nur eingefleischten Experten bekannten Klub rührt von einer kurzen Episode der jüngeren Vereinsgeschichte im deutschen Profifußball.

Von 2006 bis 2010 spielte die TuS in der Zweiten Bundesliga und sorgte, kurz nach der Fußball-Weltmeisterschaft in Deutschland, für einen Fußballboom an Rhein und Mosel. Inzwischen hat die Realität den Klub eingeholt. Nach mehreren Abstiegen und einem Insolvenzverfahren ist der Klub wieder in der Bodenständigkeit des Regionalfußballs angekommen. Und im Shirt-Shop von Bunneswear: Wer partout nicht ohne die TuS kann, bekommt auch das Stadion Oberwerth bei Bunneswear. Ohne Vereinslogo, ohne Schriftzug, ohne übertriebenen Vereinskult.

Das TuS-Shirt zeigt dabei gleich die Grundidee der Bunneswear-Shirts: Anstatt bekannte Orte und Sehenswürdigkeiten in der klassischen Postkartenansicht in Szene zu setzen, nimmt Mick Noll die Vogelperspektive ein. Seine Designs zeigen die Orte im Grundriss. Die auf Linien und Flächen reduzierten Motive sollen dazu anregen, einen neuen Blick auf Koblenz zu werfen. Den Ruf der verschlafenen Beamtenstadt will Noll aufbrechen mit Motiven, die nicht jedem gefallen müssen und die im Wortsinn Ecken und Kanten haben.

Viel bleibt von den so bearbeiteten Sehenswürdigkeiten nicht mehr übrig. Das kaiserlich-pompöse Reiterstandbild am Deutschen Eck wird in Nolls Darstellung zu einem weißen Quadrat auf dunkler Fläche eingedampft, der stolze, preußische Feldherr wortwörtlich dem Erdboden gleichgemacht. Noll gefällt dieses durchaus subversiv gemeinte Understatement. So könne man seine Shirts auch mal unter einem Sakko anziehen. Seit 2012 produziert er die Shirts in der Regel auf Anfrage und vertreibt sie in seinem Onlineshop. Nicht nur die Motive, auch der Name Bunneswear ist eine Hommage an seine Heimat. Angefangen hat alles mit einem dummen Spruch. Noll saß mit ein paar Schulfreunden zusammen, als einer erzählte, er müsse demnächst zur Musterung.

Mick Nolls spontane Antwort: „Dann trägst du ja bald nur noch Bunnes-Wear." Das Wortspiel aus Bundeswehr, „Bunnes", einer Koblenzer Bezeichnung für einen Dummkopf, und dem englischen Wort für Kleidung (Wear) blieb hängen. Irgendwie wusste Mick immer, dass man daraus etwas würde machen können. Die Jahre vergingen, auf ein Kommunikationsstudium folgte der Einstieg ins Berufsleben in einer Werbeagentur. Auch privat ging es weiter. Hochzeit. Nachwuchs.

Und während das Leben plötzlich rasant voranschritt, wurde ihm klar: Da gibt es ja noch ein anderes Baby, das seit Jahren auf seine Geburt wartet. Und er wusste auch: Je länger er wartete, desto unwahrscheinlicher ist es, dass dieses Baby je das Licht der Welt erblicken würde. Eines Morgens wach zu werden und zu begreifen, dass er es nie versucht hatte, das wollte Noll nicht. Bloß nicht selbst zum „Bunnes" werden. Also startete er sein T-Shirt-Projekt. Bunneswear war geboren.

Bei der Auswahl der Motive ließ Noll sich von den Wahrzeichen der Stadt und persönlichen Vorlieben leiten. Ähnlich wie bei der „Kleinen Freiheit" hat er auch zu den anderen Orten, die er auf seinen Shirts verewigt, einen persönlichen Bezug. So ist die Marksburg als Wahrzeichen seiner Heimat Braubach dabei. Der Rest ist Stadtgeschichte: Wer sich das Angebot von Bunneswear anschaut, hat den Rundgang durch Koblenz im Grunde schon begonnen. Deutsches Eck und Festung Ehrenbreitstein sind natürlich mit dabei. Dann geht es weiter zum Fort Konstantin, genau wie die Festung Teil der früheren Stadtbefestigungsanlage. Das Fort thront heute über dem Koblenzer Hauptbahnhof und ist damit, ähnlich wie der Dom in Köln, das historische Stadtbauwerk, das selbst die Reisenden zu sehen bekommen, die gar nicht in Koblenz aussteigen. Einst war das Fort ein Vorposten in der Verteidigungslinie der Stadt. Heute ist es ein beliebter Ort zum Heiraten. Und auch das neben Festung und Deutschem Eck dritte Wahrzeichen von Koblenz gibt es bei Bunneswear zu entdecken. Von oben sieht das Ende des 18. Jahrhunderts vom Trierer Kurfürsten erbaute Schloss richtig handlich aus, so als könnte man es einfach wie einen Koffer packen und mitnehmen. Mick Noll schwärmt vor allem von der entspannten Atmosphäre im Schlosspark; seit der Bundesgartenschau ein beliebter Treff für Koblenzerinnen und Koblenzer zum Picknicken und einfach nur „draußen sein". Ob es weitere Sehenswürdigkeiten als Bunneswear-Shirt geben wird, steht noch nicht fest. Derzeit ist es ein Nebenprojekt von Mick Noll, das er ausschließlich in seiner Freizeit betreibt. Aber wer weiß: Vielleicht tragen Japaner demnächst bei ihrer Ankunft in der Heimat nicht nur eine Kuckucksuhr unterm Arm, sondern auch ein Bunneswear-Shirt unter dem Pullover.

Bunneswear
Alle Infos auf Facebook und bei bunneswear.de

Fort Konstantin
56077 Koblenz · 0261/41347 · info@pro-konstantin.de · pro-konstantin.de
Führungen werden nach Absprache vom Verein Pro Konstantin angeboten.

Kurfürstliches Schloss
56068 Koblenz · Öffnungszeiten: täglich von 14 bis 19 Uhr

TuS Koblenz 1911 e. V.
Jupp-Gauchel-Straße 18 · 56075 Koblenz · 0261/2017700
post@tuskoblenz.de · tuskoblenz.de
Öffnungszeiten: Montag, Dienstag und Donnerstag
von 10 bis 15 Uhr sowie Freitag von 9 bis 13 Uhr

Stromaufwärts

Landesmuseum, Szene, Gewürze: Meine Tipps für Koblenz

Natürlich gibt es in Koblenz noch viel mehr zu entdecken und zu erleben. Hier sind einige persönliche Empfehlungen von mir zu Orten, die einen Besuch wert sind. Wie alles in diesem Buch ist auch diese Liste absolut subjektiv und garantiert unvollständig.

> Spannende Ausstellungen:
> Landesmusem Koblenz in der Festung Ehrenbreitstein
> 56077 Koblenz · 0261/66750 · landesmuseum-koblenz.de
> Öffnungszeiten: April bis Oktober täglich von 10 bis 18 Uhr und November bis März täglich von 10 bis 17 Uhr

In der Festung Ehrenbreitstein finden fortlaufend Ausstellungen zu allerlei Themen statt. Eiszeit, Indianer, Kunstgeschichte, das Spektrum ist vielfältig. Das Landesmuseum wartet mit einer Dauerausstellung zu archäologischen Funden an Mittelrhein und Mosel und zur Geschichte der Fotografie auf. Dazu kommen immer aktuelle und meistens sehr lohnenswerte Wechselausstellungen zu unterschiedlichsten Themen, die in der Regel Bezug zum Land Rheinland-Pfalz haben. Der Besuch des Landesmuseums ist im Eintritt zur Festung Ehrenbreitstein enthalten.

Rheinmuseum Koblenz
Charlottenstraße 53a · 56077 Koblenz · 0261/703450
info@rhein-museum.de · rhein-museum.de
Öffnungszeiten: täglich außer montags von 10 bis 17 Uhr

Das Rheinmuseum im Stadtteil Ehrenbreitstein widmet sich der Geschichte des längsten Flusses Deutschlands und reicht von der Frühgeschichte bis zur modernen Schifffahrt. Dazu kommen wechselnde Sonderausstellungen. Insbesondere die vielen Modelle der unterschiedlichen Rheinschiffe sind sehr sehenswert und gerade für Kinder spannend. Hinter dem Museum führt ein Schrägaufzug hoch zur Festung. Neben der Seilbahn ist er eine weitere Möglichkeit, hinauf zur Festung zu kommen. Parallel dazu gibt es auch einen schönen Fußweg hoch zur Festung.

Für jede Gelegenheit: Das Café Einstein
Firmungstraße 30 · 56068 Koblenz · 0261/9144999
info@einstein-koblenz.de · einstein-koblenz.de
Öffnungszeiten: Montag bis Donnerstag von 9 bis 0 Uhr,
Freitag, Samstag und vor Feiertagen von 9 bis 2 Uhr,
an Sonn- und Feiertagen von 10 bis 0 Uhr

Ob zum Business Lunch, zum Cocktailabend mit Freunden oder zum Imbiss mit der ganzen Reisegruppe: Das Café Einstein ist ein solider Allrounder, bei dem man nicht danebenliegt. Die Atmosphäre ist locker und gediegen, der Service höflich und flott. Auch die Speisekarte ist sehr ausgewogen: Die Auswahl an Suppen, Salaten, Pasta und Fleischgerichten macht es unwahrscheinlich, dass jemand nichts für sich findet. Das Preis-Leistungs-Verhältnis bei den Gerichten stimmt auch.

Stromaufwärts

Voll im Zeitgeist: Das Restaurant-Bistro-Café Miljöö
Gemüsegasse 8 · 56068 Koblenz · 0261/1 42 37
miljoeoe@gmx.de · cafe-miljoeoe.de

Das Miljöö in der Koblenzer Altstadt ist mit seiner Vintage-Optik sehr modern und zeitgeistig. Sofort spürt man: Hier wird Wert auf die Qualität der Lebensmittel gelegt. Explizit gibt es eine große Auswahl an vegetarischen und veganen Gerichten, keine Nahrungsmittelunverträglichkeit, auf die die Küche nicht reagieren kann. Ebenso hip wie die Speisekarte ist das Einrichtungskonzept: Wechselnde Künstler stellen im Miljöö ihre Bilder aus und sorgen so für Abwechslung an den Wänden.

Kultkneipe in der Altstadt: Das Schiffchen
An der Liebfrauenkirche 21 · 56068 Koblenz · 0261/39 49 50 0

Das Schiffchen ist berühmt für seine große Whisky- und Bierauswahl. Die Atmosphäre ist mit den typischen Kneipenattributen von „rustikal" über „urig" bis „gemütlich" gut beschrieben. Wer einfach nur gemütlich ein Bier trinken will, macht im Schiffchen nix verkehrt.

Immer der Nase nach: Gewürzhandlung Pfeffersack & Söhne
An der Liebfrauenkirche 1 · 56068 Koblenz · 0261/45 09 92 90
hallo@pfeffersackundsoehne.de · pfeffersackundsoehne.de
Öffnungszeiten: Montag bis Samstag von 10 bis 20 Uhr

Die Gewürzhandlung ist relativ neu in Koblenz. Und sie hat sich bereits einen Namen über die Stadtgrenzen hinaus gemacht. Genussmagazine, Fernseh- und Radiosender stehen Schlange in dem Laden, der Schluss macht mit dem, was man im Supermarkt-Gewürzregal bekommt. Hier ist Handarbeit Trumpf. Pfeffer, Salze, Kräuter, Blüten werden sorgfältig in eigens im Westerwald gefertigte Tongefäße gefüllt. Hobbyköche können fertige Gewürzmischungen für die ersten Experimente zu Hause erstehen. Pfeffersack & Söhne gehört eigentlich in ein Hamburger oder Berliner Szeneviertel, befindet sich aber am Münzplatz.

Weinort Leutesdorf

In Koblenz treffen die Anbaugebiete von Mittelrhein und Mosel aufeinander. Entlang des Rheins gibt es in Koblenz allerdings keine Lagen. Dafür muss man rheinabwärts bis nach Leutesdorf bei Neuwied weiterfahren. Die Winzer des kleinen Dorfs leisten hervorragende Arbeit, für die es sich lohnt, das Welterbegebiet gen Norden zu verlassen.

Weingut Selt

Zehnthofstraße 22 · 56599 Leutesdorf · 02631/75118
info@weingutselt.de · weingutselt.de

Peter Selt gehört zu den alteingesessenen Winzern von Leutesdorf. Seit vielen Jahrzehnten produziert er zuverlässig wie ein Uhrwerk Spitzenweine.

Weingut Sturm

Im Rosenberg 3 · 56599 Leutesdorf · 02631/9476026
info@sturm-weingut.de · sturm-weingut.de

Am Rheinkilometer 614 liegt das jüngste Leutesdorfer Weingut von Martin Sturm. Der frühere Wirtschaftsjournalist ist Spätzünder und Durchstarter in Sachen Wein. 2011 eröffnete er seinen Biobetrieb und gehört bereits zu den anerkannten Weingütern der Region.

Stromaufwärts

Ab hier nur noch Fähre: Von Stolzenfels nach Boppard

Was ist eigentlich der Mittelrhein – und wenn ja, wie viele?

Zwei Brücken markieren den Ortsausgang von Koblenz und den Eingang ins eigentliche Obere Mittelrheintal. Die Horchheimer Brücke und der Übergang der B 327 sind die letzten festen Rheinquerungen bis zur mit dem Auto 70 Kilometer entfernten Schiersteiner Brücke zwischen Mainz und Wiesbaden. Wer die Seite wechseln will, ist von hier an auf eine der an verschiedenen Stellen im Tal verkehrenden sechs Rheinfähren angewiesen; wenn man so will, beginnt damit das echte „Erlebnis Welterbe Oberes Mittelrheintal". Doch bevor wir uns in dieses Gebiet wagen, ist es vielleicht sinnvoll zu erklären, was mit diesem Bandwurmbegriff „Welterbe Oberes Mittelrheintal" überhaupt gemeint ist.

Ansonsten kann es leicht passieren, dass man in der Vielfalt der Bezeichnungen verloren geht und womöglich gar einem Einheimischen zu nahe tritt, weil man ihn falsch verortet. Denn hier am Mittelrhein prallen nicht nur die Kulturen und Menschen zweier Bundesländer aufeinander. Die Talbewohner ticken ganz anders als jene, die auf den Höhen von Hunsrück und Taunus leben. Koblenz hat mehr als 100 000 Einwohner. Eine kleine Ortsgemeinde wie Nochern in der Verbandsgemeinde Loreley ist Heimat von gerade mal 500 Seelen. Im Rheingau um Rüdesheim „babbeln se", im Hunsrück wird „gesabbelt"; kleine, aber feine Unterschiede. Und mindestens die Hälfte der Menschen im Tal lebt ohnehin auf der „ebsch Seit", der falschen oder schlechten Seite. Nur: Welches der beiden Rheinufer ist damit denn gemeint?

Es ist also gar nicht leicht, allen Befindlichkeiten am, im und ums Rheintal gerecht zu werden. Und nicht jeder, der qua Wohnort zu einem Bewohner des Welterbegebiets gemacht wurde, ist glücklich über diese „Eingemeindung". Aber die Unesco hat eine ziemlich klare Vorstellung davon, was zum Welterbegebiet des Oberen Mittelrheintals gehört. Im Süden begrenzen die Städte Bin-

Kapitel 2 · Von Stolzenfels nach Boppard

gen und Rüdesheim, im Norden Koblenz die Region. Westlich und östlich des Rheins reicht das Welterbegebiet bis auf die Höhen von Hunsrück und Taunus. Waldalgesheim im Kreis Mainz-Bingen ist ebenso noch Teil des Welterbes wie Auel im Rhein-Lahn-Kreis.

Diese Einteilung zeigt: Was nicht passt, wird von der Unesco passend gemacht. Schon im Falle von Koblenz müssen Geografen ein Auge zudrücken, will man die Stadt noch zum Oberen Mittelrheintal zählen. Spätestens bei der Ausdehnung des Mittelrheins bis nach Bingen und Rüdesheim hört der Spaß eigentlich auf. Geografisch korrekt ist das jedenfalls nicht mehr.

Wissenschaftler unterteilen den Verlauf des Rheins in sieben Abschnitte: Alpenrhein (mit Vorder- und Hinterrhein), Bodensee, Hochrhein, Oberrhein, Mittelrhein, Niederrhein, Mündungsdelta. Der Mittelrhein reicht dabei von der Nahemündung bis nach Bonn, beginnt also eigentlich erst, nachdem der Fluss an Bingen und Rüdesheim vorbeigeströmt ist. Diese gehören theoretisch noch zum Gebiet des Oberrheins beziehungsweise zum Teilabschnitt des Inselrheins. Diese Bezeichnung kommt von den zahlreichen Auen und Werthen, die zwischen Mainz und Bingen den Fluss durchsetzen und immer wieder in mehrere Arme teilen.

Den eigentlichen Taleingang markiert der Binger Mäuseturm. Ab hier teilt der längste deutsche Fluss das Rheinische Schiefergebirge in zwei Teile. Als Oberes Mittelrheintal bezeichnet man gemeinhin den Rheinabschnitt zwischen Bingen und Koblenz. Das Obere Mittelrheintal wird rechtsrheinisch begrenzt durch den Taunus. Auf der linken Flussseite erhebt sich der Hunsrück. Koblenz selbst liegt allerdings gar nicht im Oberen Mittelrheintal, sondern im weitläufigen Mittelrheinischen Becken. Diese Ebene trennt das Obere vom Unteren Mittelrheintal, das von Eifel und Westerwald eingeschlossen wird. Das allein mag für den Laien schon verwirrend genug sein. Da möchte man sich erst mal ein Schlückchen guten Wein genehmigen, um wieder einen klaren Kopf zu bekommen. Doch damit wird es erst recht kompliziert. Denn zum Oberen Mittelrheintal gehören zwei Anbaugebiete. Linksrheinisch beginnt das Anbaugebiet Mittelrhein nördlich von Bingen, die ersten größeren Lagen hat man allerdings erst bei Trechtingshausen und Niederheimbach. Rechtsrheinisch beginnt der Mittelrhein erst nördlich des Wispertals, an der Landesgrenze von Hessen und Rheinland-Pfalz. Die hessischen Weinlagen des Oberen Mittelrheintals rund um Rüdesheim, Assmanshausen und Lorch gehören noch zum Anbaugebiet des Rheingaus. Nicht vergessen werden sollen hier die hart arbeitenden Mittelrhein-Winzer des Unteren Mittelrheintals, die in Leutesdorf bei Neuwied eine Hochburg haben.

Also: Das Obere Mittelrheintal frei nach der Unesco reicht von Bingen und Rüdesheim bis Koblenz. Geografisch gesehen, ist es der südliche Teil des Mittelrheins, und reicht von der Nahemündung bis zum Mittelrheinbecken rund um Koblenz. Das Weinanbaugebiet „Mittelrhein" beginnt linksrheinisch im Norden von Bingen, rechtsrheinisch nördlich von Lorch und umfasst von dort alle Anbauflächen entlang des Rheins. Nachdem das geklärt ist, können wir endlich genießen, weswegen wir eigentlich hergekommen sind: die Schönheit des Rheintals zwischen Koblenz und Bingen.

Bleihaltige Luft: Schloss Stolzenfels und die Marksburg

Der Empfang am nördlichen Taleingang könnte nicht stimmungsvoller sein. Zwei eindrucksvolle Burgen flankieren den Taleingang und geben mehr als nur einen Vorgeschmack auf das, was den Besucher noch erwartet. Das linksrheinische Schloss Stolzenfels steht dabei noch auf Koblenzer Stadtgebiet. Das im 19. Jahrhundert neu aufgebaute Schloss gilt als eines der bedeutendsten Bauwerke der Rheinromantik. In gewisser Weise grenzen Stolzenfels und die in Sichtweite liegende Marksburg damit das Spektrum dessen ab, was man in Sachen Burgen am Mittelrhein zu erwarten hat.

Stolzenfels ist die typische romantisch-preußische Rheinburg und zeigt, wie sich die Hohenzollern im 19. Jahrhundert das Mittelalter vorstellten. Wer wirklich auf Zeitreise ins Mittelalter gehen möchte, muss die Marksburg besuchen. Erbaut im 13. Jahrhundert, ist die Marksburg bis heute unzerstört geblieben. Sie und die Burg Pfalzgrafenstein bei Kaub sind die einzigen Burgen am Mittelrhein aus dieser Zeit, die vollständig erhalten sind.

Die wechselvolle Geschichte der Burg wird gleich am Eingang deutlich, wo eine Wappengalerie auf die unterschiedlichen Besitzer hinweist. Heute gehört die Burg der Deutschen Burgenvereinigung, die hier passenderweise auch ihren Hauptsitz hat. Für den symbolischen Preis von 1000 Reichsmark erwarb der Verein die Burg im Jahr 1900 vom Land Preußen, in dessen Besitz sie zwischenzeitlich gefallen war.

Dem Engagement des Vereins ist es zu verdanken, dass die Marksburg heute zu einer der am häufigsten besuchten Sehenswürdigkeiten des Oberen Mittel-

Kapitel 2 · Von Stolzenfels nach Boppard

rheintals gehört. 185 000 Besucher finden alljährlich den Weg hinauf zur Burg und lassen sich ins Mittelalter zurückversetzen. Spätestens wenn man in der Ausstellung von Folterinstrumenten angelangt ist, wird man auch wieder daran erinnert, dass dies mitunter recht finstere Zeiten waren. Trotzdem üben sie eine fast unheimliche Faszination auf uns aus.

Unheimlich wirken auch die drei Schlote, die hinter der Marksburg auf einem Hügel emporragen. Sie gehören zu einer alten Blei- und Silberhütte. Die Metallverarbeitung in Braubach reicht zurück bis ins 17. Jahrhundert. Die unangenehmen Folgen des jahrhundertelangen Metallhandwerks: In den 80er-Jahren galt Braubach als am stärksten mit Blei belasteter Ort der Bundesrepublik. Den Bewohnern von Braubach wurde gar empfohlen, wegen der Vergiftungsgefahr kein selbst angebautes Obst und Gemüse zu verzehren. Die Situation hat sich inzwischen glücklicherweise gebessert: Die alte Bleihütte ist heute ein Recyclingbetrieb für Fahrzeugbatterien und gilt als vorbildlich bei der Einhaltung von Umweltschutzstandards. Die Schlote sind noch heute in Betrieb. Wenn aus ihnen etwas aufsteigt, ist es aber lediglich Wasserdampf. Dennoch stehen sie für die lange Geschichte des Bergbaus im Mittelrheintal. Als Industriedenkmal ist die Blei- und Silberhütte sogar Teil des Unesco-Welterbes.

Schloss Stolzenfels

56075 Koblenz · 02 61/5 16 56 · schloss-stolzenfels.de
Öffnungszeiten: 15. März bis 31. Oktober täglich von 10 bis 18 Uhr, montags geschlossen. Im November und von 1. Februar
bis 14. März Samstag, Sonntag und an Feiertagen von 10 bis 17 Uhr geöffnet, im Dezember und Januar geschlossen.

Marksburg

56338 Braubach · 0 26 27/2 06
marksburg@deutsche-burgen.de · marksburg.de
Öffnungszeiten: 25. März bis 1. November täglich Führungen zwischen 10 und 17 Uhr, im Winter Führungen zwischen 11 und 16 Uhr

Verbindende Elemente:
Die Fähren am Mittelrhein

Wer am Mittelrhein unterwegs ist, wird kaum ohne sie auskommen: Seit Jahrhunderten verbinden Fähren die linke und die rechte Rheinseite, denn im ganzen Oberen Mittelrheintal gibt es keine Brücke über den Rhein (und auch keinen Tunnel darunter). Die letzte Rheinbrücke zwischen Bingen und Rüdesheim war die im Zweiten Weltkrieg gesprengte Hindenburg-Brücke, deren Pfeiler noch heute wie Mahnmale im Fluss stehen.

Seit vielen Jahren wird heftig über den erneuten Bau einer Brücke am Mittelrhein diskutiert. Die Kosten für ein solches Vorhaben würden sich, vorsichtig geschätzt, auf mindestens 40 Millionen Euro belaufen. Dazu kommt, dass eine geplante Brücke den Segen der Unesco erhalten müsste, wenn der Welterbe-Status nicht aufs Spiel gesetzt werden soll. Zwar haben die internationalen Denkmalschützer durchblicken lassen, dass eine Brücke nicht automatisch dazu führen muss, dass der Welterbestatus aberkannt wird. Aber der Wirklichkeitstest für diese Aussagen steht noch aus. Und solange die Brücke Zankapfel der Landespolitik ist, wird das auch so bleiben.

Angesichts dieser Lage ist es nicht verwegen zu prophezeien: Bis die ersten Autos über eine neu gebaute Brücke über den Rhein rollen, werden noch viele Jahre ins Land ziehen. Selbst eine Brücke im Jahre 2031, wenn die Bundesgartenschau am Rhein ihre Tore öffnen soll, wäre ein ehrgeiziges Ziel. So lange werden auch weiterhin die Fähren den Rhein kreuzen und Pendler, Touristen, Brummifahrer, Schüler und Radfahrer sicher auf die andere Seite bringen. Und zwar garantiert mit dem Okay der Unesco: Die Fähren sind, offiziell bestätigt, Teil des Welterbes am Mittelrhein.

Wo wann und vor allem wie lange die einzelnen Fähren den Rhein überqueren, ist elementares Mittelrheinwissen. Sonst kann es passieren, dass man eines schönen Sommerabends an einem dunklen Fähranleger steht ohne Aussicht, vor dem Morgengrauen noch auf die andere Seite zu kommen. Hier ist also der ultimative Überblick über die Fähren am Mittelrhein, die seit 2016 im gemeinsamen Fährbund Mittelrhein zusammengeschlossen sind.

Für Einparkkünstler: Die Fähre Boppard–Filsen

Fährzeiten: November bis März täglich bis 19 Uhr.
Im April und Oktober fährt die Fähre bis 20 Uhr, im Mai und September bis 21 Uhr und in den Sommermonaten bis 22 Uhr.

Die erste Fähre hinter Koblenz ist in Boppard. Seit fast 150 Jahren gibt es eine Rheinquerung an dieser Stelle. Noch bis in die 1960er-Jahre hinein wurde dafür eine Seilfähre genutzt, erst dann stellten die Betreiber auf eine Motorfähre um. Doch das ist nicht das größte Kuriosum der kleinen Bopparder Fähre: Die hat nämlich einen Seiteneingang. Während Autofahrer alle anderen Mittelrheinfähren ganz einfach vorwärts befahren können, muss in Boppard ein- und ausgeparkt werden. Gar nicht so leicht auf dem kleinen Schiff. Zum Glück hilft das Fährpersonal beim Rangieren.

Mit Blick auf die Burgen: Die Fähre Sankt Goar–Sankt Goarshausen

Fährzeiten: 1. Mai bis 30. September täglich bis 22.30 Uhr,
in den Herbst- und Wintermonaten bis 21 Uhr

Stromaufwärts

Eine Fahrt mit der „Loreley VI" zwischen Sankt Goar und Sankt Goarshausen hat schon was: Der Blick auf die Burgen Rheinfels und Katz, die Fassaden der beiden Städte, der Fluss, der aus dem kurvenreichen Engtal kommt, das macht schon ein tolles Panorama. Besonders empfehlenswert ist die Loreley für Fußgänger und Radfahrer, denn beide Anleger befinden sich, im Gegensatz zu den anderen Fähren, ganz in der Nähe zu beiden Ortszentren. Diese Tatsache und die langen Fährzeiten bis in die späten Abendstunden machen die Loreley-Fähre zu einer der meistgenutzten Fähren am Mittelrhein.

Für Eilige: Die Fähre Kaub
Fährzeiten: im Sommer täglich bis 20 Uhr. Die letzte Überfahrt führt vom Anleger „Engelsburg" nach Kaub.

Wenn die Fähre in Niederheimbach für entschleunigtes Reisen steht, dann ist die Fähre in Kaub der Express. Kaum hat man abgelegt, ist man schon auf der anderen Seite in Kaub angekommen. Das ist ein wenig schade, denn auf der Kauber Fähre gibt es am meisten zu sehen und zu entdecken. Zuerst natürlich die eindrucksvolle Burg Pfalzgrafenstein (siehe Kapitel zu Kaub). Über der Stadt thront die Burg Gutenfels. Geht der Blick flussabwärts, sieht man schon auf Oberwesel und die Schönburg (siehe Kapitel zu Oberwesel). Auch immer interessant: ein Blick auf das Pegelhaus, das den Wasserstand des Rheins verrät. Kein Wunder also, dass die Fährmänner in Kaub von sich behaupten, sie hätten den schönsten Arbeitsplatz der Welt.

Achtung, Linksverkehr: Die Fähre Niederheimbach–Lorch
Fährzeiten: im Sommer täglich bis 20 Uhr, im Winter bis 19 Uhr. Die letzte Überfahrt führt von Lorch nach Niederheimbach.

Jede der Mittelrheinfähren hat so ihre kleinen Besonderheiten. Am Fähranleger von Niederheimbach ist es nicht nur die sehr schmale und niedrige Unterführung, die es Wohnmobilen und Lastwagen unmöglich macht, diese Fähre überhaupt zu benutzen. Hinter dem Tunnel werden Autofahrer aufgefordert, sich auf der linken Fahrspur einzureihen. Das ist nötig, damit die von

Kapitel 2 · Von Stolzenfels nach Boppard

Lorch kommenden Autofahrer leichter von der Fähre runterkommen. Dafür bekommt man hier am meisten geboten für das Ticket: Von Lorch kommend, dauert die Rheinüberfahrt am längsten von allen Fähren. Fast zehn Minuten vergehen, bis der Anleger Niederheimbach erreicht hat.

Der „Späti": Die Fähre Bingen–Rüdesheim

Fährzeiten: im Sommer täglich bis 0 Uhr, Freitag und Samstag bis 1 Uhr. Im Zweifel ist hier also die letzte Chance, noch ohne größere Umwege die Rheinseite zu wechseln.

Die Fähre zwischen Bingen und Rüdesheim ist die am stärksten frequentierte aller Mittelrheinfähren. Bis zu 1,3 Millionen Fahrzeuge pro Jahr werden hier übergesetzt. Weil die zur Bingen-Rüdesheimer Schifffahrtsgesellschaft gehörende Fähre aber bis Mitternacht (und am Wochenende sogar bis 1 Uhr) im Doppeltakt verkehrt, kommt es trotzdem selten zu langen Wartezeiten. Die hat man eher an der Ausfahrt vom Rüdesheimer Anleger direkt am Bahnübergang. Wenn ausgerechnet beim Rausfahren ein mehrere Hundert Meter langer Güterzug vorbeirauscht, braucht man ein wenig Geduld.

Anspruchsvoller Slalom: Die Fähre Mittelheim–Ingelheim

Fährzeiten: im Sommer täglich bis 22.15 Uhr, im Winter bis 21.15 Uhr

Eigentlich liegt sie nicht mehr im Welterbegebiet, gehört aber trotzdem zum Fährbund Mittelrhein: Die Fähre „Maul" verbindet vor den Toren des Mittelrheintals den Rheingau mit Rheinhessen. Bis zu 32 Autos und 260 Personen können mit ihr von der einen auf die andere Seite gebracht werden. Die Fährstrecke zwischen den beiden Orten ist dabei durchaus anspruchsvoll: Zwischen den Sandbänken und den Werthen im Rhein muss je nach Wasserstand sehr genau navigiert werden.

Rettet die Weine:
Ehrenamtliche Winzer in Brey und Braubach

Fußball ist nicht unbedingt die Sportart, die mit gediegenem Weingenuss in Verbindung gebracht wird. Wenn gekickt wird, fließt eher reichlich Gerstensaft. Und dass Fans auf den Sieg ihrer Lieblingsmannschaft mit einem guten halbtrockenen Riesling anstoßen, hört man auch eher selten. In Braubach allerdings hat eine Truppe von Hobbyfußballern es geschafft, den Weinbau in der Stadt zu retten. Ohne den Freundeskreis der Mannschaft Braubach United würde es keinen Wein mehr aus dem Ort geben, der sich selbst als „Wein- und Rosenstadt" bezeichnet. Und auf einem der schönsten Weinfeste am Mittelrhein gäbe es keinen Stand, der Weine aus Braubach anbieten würde.

Mit etwa 450 Hektar Anbaufläche ist der Mittelrhein eines der kleinsten Anbaugebiete Deutschlands. Das war nicht immer so: Noch zu Beginn des 19. Jahrhunderts gab es fast fünfmal so viele Rebflächen in der Region. Doch die schwer zu bewirtschaftenden Anbauflächen, von denen stolze 85 Prozent mehr als 60 Prozent Hangneigung haben, also Steillagen sind, gingen rapide zurück, als der Einsatz von Maschinen im Weinbau voranschritt. Gegenüber den weitläufigen, ertragreichen Flächen von Rheinhessen oder der Pfalz hatten die vergleichsweise kleinen Mittelrheinwinzer es schwer, konkurrenzfähig zu bleiben. Viele Familienbetriebe und Nebenerwerbswinzer gaben auf, ihre Anbauflächen fielen brach und verschwanden unter Brombeerhecken. Das führte dazu, dass viele einst traditionsreiche Weinorte heute ohne eigenen Winzer dastehen. Braubach blieb dieses Schicksal erspart, weil sich ein paar Freunde zusammentaten, um die verbliebenen Rebflächen zu erhalten. Und auch direkt gegenüber, in Brey, gelang es einer ehrenamtlichen Initiative, den letzten Weinberg des Ortes zu erhalten. Die Aussicht vom Breyer Hämmchen ist fantastisch. Wer in dem kleinen Weinberg steht, hat stets die auf der gegenüberliegenden Rheinseite thronende Marksburg im Blick. Die Aussichten für den letzten Weinberg von Brey waren weniger rosig. Im Jahr 2004 bat die Gemeinde zum traditionellen Neujahrsempfang. Die üblicherweise fröhliche Veranstaltung stand diesmal unter einem traurigen Stern: Der letzte Jahrgang vom örtlichen Weinberg, dem Breyer Hämmchen, wurde geöffnet. Die verbliebene Winzerfamilie im Ort hatte den Betrieb altersbedingt aufgegeben, ohne einen Nachfolger zu finden. „Sie trinken gerade eines der letzten Gläser vom Breyer Hämmchen", wurde verkündet. „Es wäre doch traurig, wenn es keinen Nachschub gäbe."

Als dieser Satz fiel, blickten sich ein paar der Anwesenden an. Gemeinsam müsste da doch was zu machen sein. Schließlich ist Brey einer der ältesten

Weinorte am Mittelrhein. In einer erst vor Kurzem entdeckten Urkunde aus dem Jahr 1217 ist bereits von einem bewirtschafteten Weinberg in Brey die Rede. Diese 800 Jahre lange Historie sollte nicht sang- und klanglos zu Ende gehen.

Ungefähr zur gleichen Zeit entstand auf der anderen Seite des Rheins in Braubach aus einem Freundeskreis die Hobby-Fußballmannschaft Braubach United. Man traf sich regelmäßig zum Kicken, am Wochenende fuhr man gemeinsam auf Turniere. Mit dabei war Achim Wieghardt, dessen Vater Friedel damals einer der letzten Winzer Braubachs war. Achim Wieghardt hatte sich zu diesem Zeitpunkt bereits für ein Sozialwissenschaftsstudium entschieden. Winzer zu werden, kam für ihn nicht infrage. Doch als sein Vater ein paar Jahre später vor dem Ruhestand stand, wurde ihm die Tragweite seiner Entscheidung klar: Schon bald würde es in Braubach, wo einst 80 Winzer lebten, keinen Weinbau mehr geben. Er trommelt die Kumpels zusammen und schilderte die Lage.

In Brey ist man zu diesem Zeitpunkt schon weiter. Aus einer Handvoll Aktiver, die das Breyer Hämmchen retten wollten, ist ein stattlicher Verein geworden. 70 Mitglieder zählt die Weinbruderschaft Brey inzwischen, rund 20 davon gehören zu den Aktiven, die das Tagwerk im Weinberg verrichten. Dank des bürgerschaftlichen Engagements konnte rund ein Hektar Rebfläche gerettet werden. Jahreshöhepunkt ist natürlich die Lese, zu der sich verlässlich Dutzende freiwillige Helfer einfinden. Die Trauben gehen dann zum Weingut von Florian Weingart, einem renommierten Winzer aus dem Nachbarort Spay. Er verarbeitet für die Weinbruderschaft das Lesegut und füllt jedes Jahr rund 5000 Liter Wein aus Brey ab. Sowohl die Vorarbeit der Weinbruderschaft im Wingert als auch die Leistung von Florian Weingart im Keller findet dabei regelmäßig Anerkennung. Viele Jahrgänge aus Brey wurden mit Kammerpreismünzen geehrt.

Von dem Ertrag geht zunächst ein gewisser Teil an die Paten des Breyer Weinbergs. Rund 180 Unterstützer der Weinbruderschaft haben Rebpatenschaften übernommen und sichern das finanzielle Fundament des Vereins. Dafür erhält jeder Pate Jahr für Jahr ein festes Kontingent des Breyer Weins. Der wird auf diesem Wege sogar nach England oder Frankreich ausgeliefert. Was dann übrig bleibt, geht in den freien Verkauf. Insbesondere bei den Breyer Dorffesten ist der heimische Wein begehrt. Die Menschen in Brey sind stolz auf „ihren" Wein. Das gilt auch für Braubach. Normalerweise überlebt der jeweils aktuelle Jahrgang von Braubach United das jährliche Winzerfest im Herbst nicht, sagt Achim Wieghardt. Denn sein Appell hatte Erfolg. Ein Braubacher Weinfest ohne Braubacher Wein, das konnte und wollte sich keiner vorstellen. Und so tauschte die Truppe Fußball- gegen Arbeitsschuhe und wechselte vom Rasenplatz in den Wingert.

2013 füllten die Braubacher bereits den ersten Jahrgang unter dem Namen Braubach United ab, unter kundiger Anleitung von Friedel Wieghardt. Der gibt nun als Mentor sein Wissen an die Hobbywinzer weiter. Keiner der Beteiligten hat eine Ausbildung im Weinbau. Es ist also viel „Learning by Doing". Doch die ersten Erfolge gab es bereits: Auf den 2015er Jahrgang sind sie bei Braubach United besonders stolz, der hatte Spätlese-Qualität. Ein Dutzend Aktive bilden das Kernteam, das im Bedarfsfall durch viele Helfer aus dem Freundes- und Familienkreis erweitert wird. So ist Braubach United in gewisser Weise auch ein Mehrgenerationenprojekt. Am Ende eines jeden Weinjahres erhält jeder Helfer einen kleinen Anteil am Ertrag als Dankeschön, auch wenn der meist überschaubar ausfällt.

Etwa 1000 Flaschen pro Jahrgang werden abgefüllt. Da gilt es aufzupassen, dass stets genug fürs Weinfest übrig bleibt. Der dortige Stand von Braubach United ist längst eine feste Größe bei dem Stadtfest. Und für die Initiative die wichtigste Einnahmequelle. Schließlich muss auch investiert werden: In neue Gerätschaften, in Gärtanks, in Pflanzenschutz und die Rekultivierung der Rebfläche. Überlegungen, die Anbaufläche noch weiter zu vergrößern, gab es immer wieder. Doch bis jetzt schreckt das Team davor zurück: Trotz der Erfolge ist das Projekt ein Ehrenamt. Und das soll auch so bleiben. Da es inzwischen auch wieder einen Jungwinzer im Ort gibt, sieht die Zukunft des Weinbaus in Braubach wieder rosiger aus.

Die zahlenmäßig etwas größere Weinbruderschaft Brey traut sich inzwischen schon mehr zu. Die Anbaufläche von einem Hektar wird vergrößert. Neben den etwa 4500 Reben pflegen die Weinbrüder und -schwestern auch 140 Weinbergpfirsichbäume. Schüler der Grundschule in Brey kümmern sich um ihre eigenen Reben im Breyer Hämmchen, sodass auch schon die nächste Generation mehr über die Tradition des Weinbaus im Ort lernt und diese hoffentlich weiterführt, damit auch weiterhin bei jedem Neujahrsempfang ein paar Flaschen vom Breyer Hämmchen geöffnet werden können.

Braubach United
0177/5471327 · braubach-united@web.de · braubach-united.de
Der Wein ist am besten erhältlich beim jährlichen Braubacher Winzerfest am ersten Wochenende im Oktober in Braubach.

Weinbruderschaft Breyer Hämmchen e. V.
Wein erhältlich bei Bernhard Hoffmann
Rheingoldstraße 45 · 56321 Brey · 0171/1200183
info@weinbruderschaft-brey.de · weinbruderschaft-brey.de

Die Letzten ihrer Art:
Die einst begehrte Mittelrheinkirsche soll überleben

Wenn Günter Geeb auf seinem Traktor, Baujahr 1978, zu seinen Kirschplantagen in Filsen ruckelt, setzt er eine Tradition fort, die bis ins Jahr 60 vor Christus nachweisbar ist. Aus dieser frühen Zeit stammen die ersten Erwähnungen von Kirschanbau am Rhein. Vermutlich war das schon damals ein mühseliges Unterfangen. Und das ist es bis in die Moderne geblieben. Geeb, der gemeinsam mit seinem Bruder gut einen Hektar Obstbäume pflegt, ist einer der wenigen Obstbauern, die es am Mittelrhein noch gibt. Und auch für die Brüder Geeb ist es nur ein kleiner Nebenverdienst, den einzufahren jedes Jahr herausfordernder wird. Dabei war gerade der Kirschanbau noch vor wenigen Jahrzehnten ein bedeutsamer Wirtschaftszweig im Oberen Mittelrheintal.

Zum ersten Oberzentrum des Kirschanbaus entwickelte sich im 19. Jahrhundert das linksrheinische Bad Salzig. Von dort wurden die Kirschen auf Schiffen nach Bonn und Köln gebracht. Zur damaligen Zeit mussten sich die lokalen Kirschbauern noch nicht der Konkurrenz aus den südlichen Ländern erwehren. Im Gegenteil: Der Mittelrhein erwies sich aufgrund seiner klimatischen Besonderheiten als besonders geeignet für den Kirschanbau. Damals spielten auch die Widrigkeiten der Region, insbesondere die Steillagen, die die Ernte so mühselig machten, noch keine große Rolle. Schließlich musste überall sonst auch von Hand geerntet werden.

Der Kirschanbau profitierte außerdem davon, dass zur selben Zeit der Weinbau am Mittelrhein eine schwere Krise erlebte. Schädlinge wie die Reblaus hatten die Ernten immer schlechter werden lassen, viele Anbauflächen wurden aufgegeben. An die Stelle der Reben traten nun Obstbäume: Neben den Kirschen kultivierten die Obstbauern Aprikosen und Pfirsiche. Anfang des 20. Jahrhunderts hatte sich insbesondere der nördliche Teil des Oberen Mittelrheintals zu einer wahren Hochburg des Obstbaus entwickelt, der buchstäblich ganz eigene Blüten trieb. Viele regionaltypische Kirschsorten kamen ausschließlich am Mittelrhein vor, worauf lautmalerische Namen wie Bopparder Krächer oder Filsener Goldperle verweisen. Sehr populär war auch die ertragreiche Sorte Geisepitter aus Kamp-Bornhofen.

Eines der bekanntesten Beispiele für diese Regionalsorten ist die Kesterter Schwarze, eine Kirschsorte, die kleine, sehr dunkle Früchte hervorbringt und vor allem in der Gegend um Kestert zwischen Kamp-Bornhofen und Sankt Goarshausen wuchs. Im Vergleich zu den heutigen, prallroten Kirschen vom Markt nehmen sich die Früchte der Kesterter Schwarzen geradezu kümmerlich aus. Dennoch war die Sorte zu ihrer Zeit gut verkäuflich. Weniger zum Verzehr, war sie doch für Kirschbrände gut geeignet.

Lange Zeit lebte Kestert nicht nur wegen dieser eigenen Regionalsorte sehr gut vom Kirschanbau. Es gab sogar eine eigene Markthalle am nördlichen Ende des Dorfes, wo das Obst an die Händler verkauft wurde. Diese Markthalle gibt es heute noch. Sie dient der Freiwilligen Feuerwehr als Gerätehaus. Drei große Plakate mit historischen Fotos erinnern an den Kirschanbau, der dem Ort für kurze Zeit einen gewissen Wohlstand brachte. Gleichzeitig vermitteln sie einen Eindruck davon, unter welchen Bedingungen damals die Ernte und der Verkauf der Kirschen erfolgte. Es sind Bilder aus der letzten großen Zeit des Kirschanbaus am Mittelrhein. Ältere Einwohner, die die letzten großen Kirschernten noch miterlebt haben, wissen so manch charmante Anekdote aus dieser Zeit zu berichten. So mussten die Kinder bei der Ernte mithelfen, weil sie dank ihrer geringen Größe besser in die Bäume kamen, um die obersten Kirschen zu erreichen. Damit auch ja alle Früchte im Korb landeten, mussten die Jungen stets ein Liedchen beim Pflücken pfeifen. So konnten die Erwachsenen am Boden sicher sein, dass nicht heimlich genascht wurde.

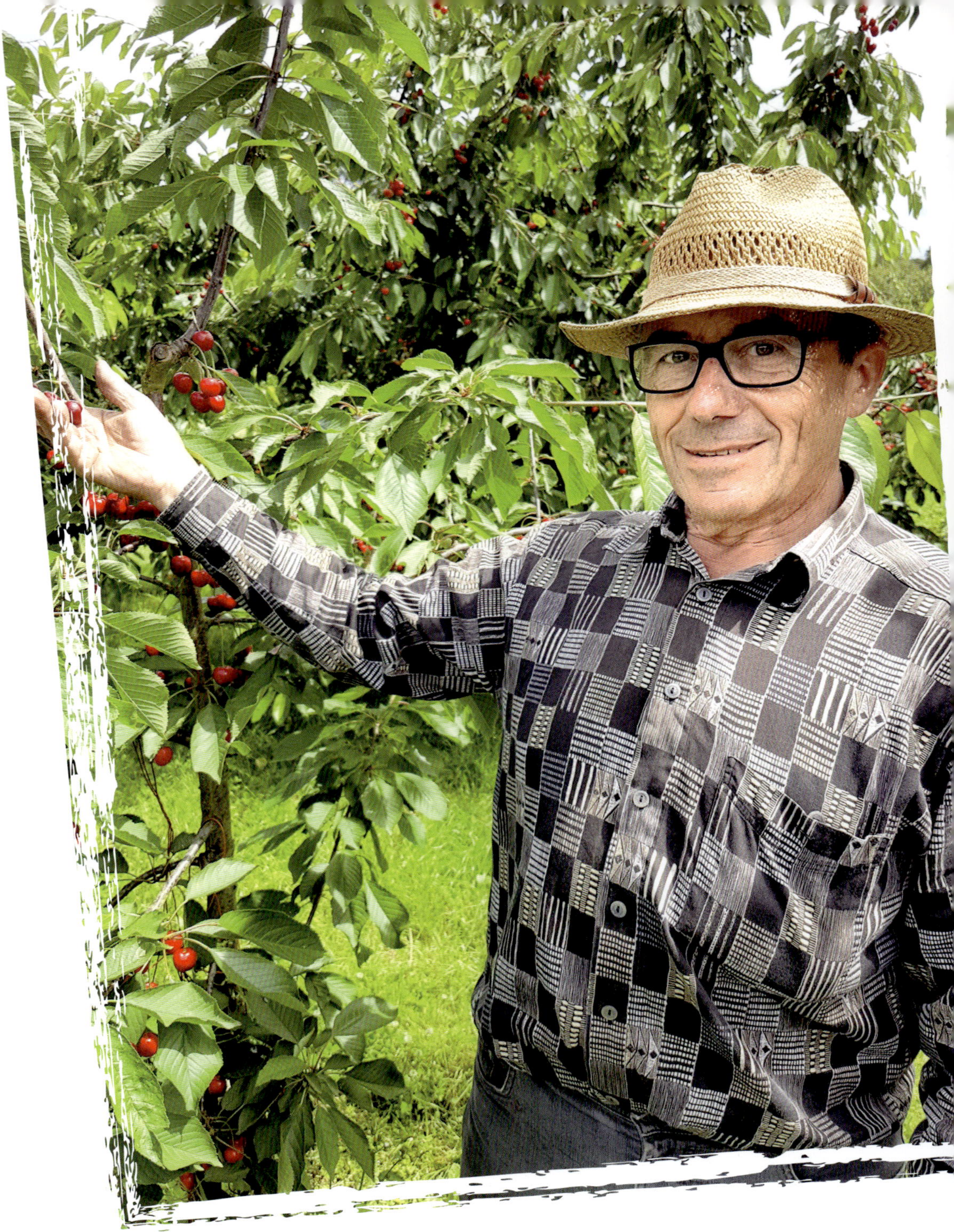

Stromaufwärts

In der ersten Hälfte des 20. Jahrhunderts ging, bedingt durch einige harte Winter und die Kriegswirren, der Obstanbau am Mittelrhein deutlich zurück. Erst nach Ende des Zweiten Weltkriegs sollte er noch mal ein kurzfristiges Hoch erleben. Noch 1958 säumten 370 000 Kirschbäume die Plantagen links und rechts des Rheins. Insbesondere zur Blüte im Frühjahr dürfte dies ein farbenprächtiges Panorama ergeben haben.

Doch im nun industrialisierten und zunehmend globalisierten Obstanbau hatten es die regionalen Landwirte deutlich schwerer als in den Jahrzehnten zuvor, ihre Ware auf die Märkte zu bringen. Die preiswertere Konkurrenz aus den südlichen Ländern Europas verdrängte die heimischen Früchte aus den Obstkörben. Mithalten konnte da nur, wer sein Obst mit wenig Aufwand auf großen Plantagen verarbeiten konnte, wie es zum Beispiel in Rheinhessen möglich war. Dort setzte man bereits auf neue, ertragreiche und niedrig wachsende Sorten, die bequem vom Boden aus abgeerntet werden konnten.

In den hochgewachsenen Bäumen am Mittelrhein benötigten die Erntehelfer mitunter mehrere Leitern, um alle Früchte erreichen zu können. Da konnten auch fröhlich gepfiffene Kinderliedchen nicht verdecken, dass die Ernte in den Steillagen des Mittelrheins ein aufwendiges und gefährliches Geschäft war.

Hinzu kam, dass viele Bäume inzwischen gealtert und die Böden ausgelaugt waren. Für eine Rekultivierung der Lagen erwiesen sich nun die Gegebenheiten des steilen Mittelrheintals als hinderlich. Der Obstanbau am Mittelrhein war schlicht und ergreifend nicht mehr rentabel. Langsam, aber sicher fielen immer mehr Flächen brach; und viele der typischen Sorten verschwanden. Von der einst so populären Kesterter Schwarzen steht inzwischen nur noch ein einziger ausgewachsener und bis jetzt gesunder Baum. Der „Letzte seiner Art" wächst in Oberkestert, dem zu Kestert gehörenden Höhenort. Noch trägt er Jahr für Jahr ein paar Früchte, doch auch diesem Exemplar sieht man sein Alter an. Inzwischen gibt es Versuche, Triebe des Mutterbaumes auf junge Stämme aufzupfropfen, um so die Sorte zu erhalten. Zum Verkaufsschlager allerdings wird sich das kleine Früchtchen wohl nie wieder entwickeln.

Wie Kirschen heute aussehen müssen, sieht man bei Günter Geeb in Filsen. Statt Kesterter Schwarze baut er Sorten mit klangvollen Namen wie Regina, Kordia oder Burlat an. Dicke, pralle Früchte hängen zur Erntezeit an seinen Bäumen. Es sieht so aus, als würde es ganz gut laufen mit dem Kirschgeschäft. Doch Geeb hat viele Sorgen. Schädlinge wie die Kirschessigfliege machen ihm zu schaffen. Das vor einigen Jahren aus Asien eingewanderte Insekt hat sich zu einer echten Plage am Mittelrhein entwickelt. Die Fliege legt ihre Eier in den reifen, noch am Baum hängenden Früchten ab und kann so große Teile der Ernte vernichten. Auch die Winzer fürchten das nur wenige Millimeter große Insekt, denn ihre Trauben sind ebenfalls nicht vor dem Schädling sicher.

Die Pflanzenschutzmittel sind teuer: Einmal die Woche muss Geeb in den Wochen vor der Ernte raus zum Spritzen, will er nicht große Mengen an die Fruchtfliegen verlieren. Dazu kommt der Klimawandel, der sich am Mittelrhein bemerkbar macht: Die Frühjahre werden feuchter, auch das gefällt den Kirschen nicht. Aufgepumpt von starken Regenfällen, platzen sie irgendwann einfach auf wie zu volle Wasserballons.

Trotz der Widrigkeiten gibt es viele Bemühungen, zumindest ein paar Elemente des Obstanbaus am Mittelrhein zu erhalten. Die eigens dafür eingesetzte „Arbeitsgruppe Mittelrhein-Kirschen des Zweckverbands Welterbe Oberes Mittelrheintal" setzt sich dafür ein, die historischen Sorten des Mittelrheins zu erhalten, um so einen Beitrag zur Artenvielfalt am Mittelrhein zu leisten (siehe Kapitel zu Lorch). Zur heimlichen Kirschhauptstadt hat sich inzwischen Filsen gewandelt. Der Ort mitten in der großen Rheinschleife des Bopparder Hamms bietet viele Möglichkeiten, der Historie des Obstanbaus am Mittelrhein auf die Spur zu kommen. Ein Kirschpfad führt Touristen entlang der ehemaligen Plantagen in die Sortenvielfalt des Mittelrheins ein. Auf einer großen Freifläche vor dem Ort werden 200 Obstbäume angepflanzt, die ebenfalls dokumentieren sollen, wie vielfältig der Obstanbau am Mittelrhein einst war.

Sogar eine kleine Produktlinie rund um die Mittelrheinkirsche gibt es inzwischen. Mit Kirschen veredelte Leberpastete und Ziegenkäse, Kirschsenf und -wein und einer eigens hergestellten Praline, der „Perle von Filsen", will man zeigen, dass der Wein nicht das einzige lokale Produkt ist, das sich als Mitbringsel aus dem Urlaub eignet. Noch mehr über die Mittelrheinkirsche erfährt man bei vielen Veranstaltungen rund um die Frucht zur Blüte- und Erntezeit. Auch hier tut sich Filsen besonders hervor, sodass ein Blick in den lokalen Veranstaltungskalender immer lohnenswert ist.

Mittelrheinkirschen
Alle Infos bei mittelrhein-kirschen.de

Wie bei „Tante Emma": In Osterspai betreiben die Einwohner ihren Dorfladen selbst

Den Liter Milch gibt es bei Birgit Maaß für 1,19 Euro. Klar, beim Aldi kostet er die Hälfte. Dafür gibt es im Dorfladen von Osterspai einen netten Schwatz gratis dazu. Das fände der durchschnittliche Discounter-Kunde, der an der Kasse hinter einem steht, wahrscheinlich nicht so toll. Anders im Dorfladen von Osterspai: Hier ist das Teil des Geschäftsmodells. Die älteren Osterspaier Bürger kommen gern einfach nur so vorbei, setzen sich in den Eingangsbereich oder auf die Terrasse auf einen Kaffee und klönen. Die ganz jungen Osterspaier hingegen haben endlich wieder einen Ort, wo sie ihr Taschengeld sinnvoll investieren können. Das Süßwarenregal ist dementsprechend auf Augenhöhe für kleine Einkäufer angebracht.

Nahversorgung ist ein großes Thema am Mittelrhein. Gerade in den kleineren Orten am Mittelrhein haben die letzten Bäcker oder Metzger schon lange zugemacht, von Supermärkten ganz zu schweigen. Es fehlt an schnell und einfach erreichbaren Einkaufsmöglichkeiten, insbesondere natürlich für die Menschen, die nicht so mobil sind. Auch Osterspai, rechtsrheinisch direkt gegenüber dem Bopparder Hamm gelegen, war lange Zeit ohne eigene Einkaufsmöglichkeiten. Doch anstatt auf einen Investor zu warten, haben die Bewohner von Osterspai selbst das Heft in die Hand genommen und sind dabei auf ein am Mittelrhein einmaliges Modell gestoßen. Sie betreiben ihren Dorfladen in Form einer Genossenschaft. Davon profitieren nicht nur die Osterspaier. Neben dem

Laden findet man in der alten Filiale der Volksbank jetzt auch die Tourist-Info. So können Wanderer sich dort neben den wichtigsten Infos für die nächste Tagestour eine Stärkung holen, bevor es wieder auf den Rheinsteig geht.

Das Genossenschaftsmodell ist in dieser Form einzigartig am Mittelrhein. Es gibt weder einen klassischen Ladeninhaber noch eine Supermarktkette als Investor. Mit einem Mindestanteil von 200 Euro sind inzwischen 80 Bürger der im November 2015 gegründeten Genossenschaft beigetreten und haben für das nötige Grundkapital gesorgt. Der Großteil der Anteilseigner kommt aus dem Ort selbst. Um das Tagesgeschäft kümmert sich ein Vorstand, kontrolliert von einem Aufsichtsrat, dem der Ortsbürgermeister vorsteht. Das klingt alles sehr nach Großkonzern und will zunächst gar nicht so recht ins beschauliche Osterspai passen, wo jeder jeden kennt. Aber so sind Genossenschaften nun mal organisiert.

Die Osterspaier kommen gern in „ihr" Geschäft, das die Aura des guten, alten Tante-Emma-Ladens verströmt. Aber nicht nur deswegen sind die Einwohner dem Gebäude nostalgisch verbunden: Viele Jahre war hier die Grundschule des Ortes, und nicht wenige Einwohner haben hier lesen und schreiben gelernt. Nach der Schließung der Schule kaufte die Volksbank das Haus und unterhielt im Untergeschoss eine Filiale. Das obere Stockwerk mit den alten Klassenräumen blieb ungenutzt. Dann ging auch die Bank im Jahr 2011 wieder. Und es gab nicht mehr viel im Zentrum von Osterspai. Auf einmal schien die Dorfstraße wie „entvölkert".

Im Jahr 2014 war es dann der Gemeinde möglich, das leer stehende Gebäude zu kaufen. Zunächst stand eine Renovierung an. Dann ging alles ganz schnell. Die Genossenschaft wurde gegründet, und der Dorftreff konnte eröffnen. Auch ein kleines Café wurde eingerichtet. Hinter der Ladentheke stehen ehrenamtliche Helferinnen und Helfer aus dem Ort. Von Osterspaiern für Osterspaier: Bis jetzt geht das Konzept auf.

Dorfladen
Hauptstraße 41 · 56340 Osterspai
Öffnungszeiten: Montag bis Freitag von 7 bis 12 Uhr und
von 14.30 bis 17.30 Uhr sowie Samstag von 7 bis 12 Uhr

Touristinformation
Hauptstraße 41 · 56340 Osterspai
Öffnungszeiten: Montag und Samstag von 9 bis 12 Uhr und
Dienstag bis Freitag von 14.30 bis 17.30 Uhr

Lost Places in Boppard

Die nächstgrößere Stadt am Oberen Mittelrhein nach Koblenz ist Boppard. Mit rund 15 000 Einwohnern (ohne Bad Salzig) ist Boppard auch die einwohnerstärkste Stadt im Talgebiet. Und es ist die Stadt mit der besten Infrastruktur. Es gibt eine einigermaßen große Fußgängerzone, die – zumindest bis jetzt – von größeren Leerständen verschont geblieben ist. Verschiedene Geschäfte und Einzelhändler bieten gute Einkaufsmöglichkeiten, es gibt eine große Auswahl an Eisdielen, Cafés und Restaurants, und sogar ein kleines Kino existiert in der Stadthalle, das an einigen Tagen in der Woche aktuelle Filme zeigt; auch das ein Alleinstellungsmerkmal im ganzen Tal.

Weintrinker kennen vor allem den Bopparder Hamm, die größte und ertragreichste Weinlage am Mittelrhein. Der Rhein vollzieht hier, nördlich von Boppard, eine spektakuläre 180-Grad-Schleife und kehrt seine Fließrichtung von West nach Ost um. Der dadurch entstandene Südhang auf der linksrheinischen

Seite bietet den Winzern der Region beste Bedingungen, um vor allem erstklassige Rieslinge aus dem Schieferboden zu ziehen. Oberhalb des Hamms liegt der Jakobsberg, der auch Namensgeber für ein luxuriöses Hotel mit dem einzigen Golfplatz im Oberen Mittelrheintal ist.

Wer den Mittelrhein mit Weingenuss unmittelbar am Rheinufer verbindet, der findet genau das in Boppard. Da weder eine Stadtmauer noch die Bahnlinie oder die B 9 den Stadtkern vom Rhein trennt, ist man hier wirklich unmittelbar am Wasser. Viele der am Ufer liegenden Hotels und Restaurants stellen Tische und Stühle raus, sobald die ersten Sonnenstrahlen rauskommen. Dann ist Boppard der ideale Ort, um gemütlich bei einem Glas Wein den vorbeiziehenden Schiffen zuzusehen. Flussabwärts erblickt man den Bopparder Sessellift, der hinauf zum berühmten Vierseenblick führt. Die Stelle heißt so, weil durch das Spiel der Landschaft der Eindruck erweckt wird, man würde auf vier voneinander getrennte Seen blicken und nicht mehr auf den Flusslauf des Rheins. Von der Talstation im Mühltal dauert es rund 20 Minuten bis zur Ankunft auf dem Gedeonseck. Dabei werden 240 Höhenmeter überwunden.

Ein ebenso mystischer wie trauriger Ort ist das ehemalige Kloster Marienberg oberhalb der Stadt. Das Benediktinerinnen-Kloster entstand im 12. Jahrhundert. Nach einem Brand wurde es im 18. Jahrhundert neu aufgebaut und bis Mitte 1980er-Jahre noch zu verschiedenen Zwecken genutzt, unter anderem als Schule. Seitdem steht es jedoch leer und verfällt zusehends. Mehrere Versuche, einen Investor für die einst prachtvolle Anlage zu finden, scheiterten. Zuletzt platzte eine Versteigerung des Gebäudes im Jahr 2016 im letzten Moment.

So bleibt das Kloster derzeit vor allem ein morbider Anziehungspunkt für wagemutige Fotografen der „Lost Places"-Szene. Das sind Menschen, die Orte aufsuchen, die wie das Kloster Marienberg einst voller Leben waren, heute aber vergessen und verloren ihrem Schicksal entgegengehen. Das Treiben dieser Fotografen geschieht übrigens komplett auf eigene Gefahr. Das verlassene Grundstück oder gar das geisterhafte, marode Bauwerk zu betreten, wird ausdrücklich nicht empfohlen. Stattdessen lohnt sich ein Spaziergang durch den wunderschönen Marienberger Park direkt oberhalb der Stadt.

Kino in Boppard
Oberstraße 141 · 56154 Boppard · 0 67 42/8 19 39
info@vhs-boppard.de · cinema-boppard.de

Sessellift
Talstation: Mühltal 12 · 56154 Boppard · 0 67 42/25 10
sesselbahn-boppard@t-online.de · sesselbahn-boppard.de
Öffnungszeiten: 1. bis 15. April von 10 bis 17 Uhr,
16. April bis 30. September von 10 bis 18 Uhr,
1. bis 15. Oktober von 10 bis 17.30 Uhr
und 16. bis 31. Oktober von 10 bis 17 Uhr

Restaurant Gedeonseck
56154 Boppard · 0 67 42/26 75
gedeonseck@web.de · gedeonseck-boppard.de
Öffnungszeiten: 19. März bis 1. November täglich von 10 bis 18 Uhr.
Im November, Februar und März auch an schönen Wochenenden
geöffnet, im Dezember und Januar geschlossen.

Golfhotel Jakobsberg
Im Tal der Loreley · 56154 Boppard · 0 67 42/80 80
info@jakobsberg.de · jakobsberg.de

Kunst und Handwerk: Ein Besuch im Bopparder Stadtmuseum mit dem Künstler Frank Kunert

Als Erstes fällt der Blick auf einen mit einem großen, grauen Tuch abgedeckten Tisch in der Mitte von Frank Kunerts Atelier. Auf dem Tuch liegt eine Heißklebepistole, aus der ein noch fast unverbrauchtes Stück Kleber herausragt, vor dem Tisch steht die 4x5 Inch Großformatkamera des Künstlers. Es ist nicht schwer zu erraten, was sich unter dem Tuch befindet: Hier entsteht gerade eine neue „Miniaturwelt" von Frank Kunert. Was es sein wird, verrät er nicht. Die aktuelle Arbeit soll ein Geheimnis bleiben, bis sie fertiggestellt ist.

Um das noch geheime Kunstwerk verteilt liegen Farben, Werkzeuge und Bastelmaterial. Linker Hand stapeln sich in einem Regal Kisten bis unter die Decke, gefüllt mit Requisiten, um Bäume, Gebäude oder Wolken basteln zu können. An der gegenüberliegenden Wand hängen ein paar fertige Modelle oder Teile davon. Sie haben ihren Zweck schon erfüllt und wurden von Kunert in einer seiner Fotografien verewigt. Einige von ihnen wird der Künstler immer wieder zu Ausstellungen mitnehmen, um sie den fertigen Fotografien gegenüberzustellen, so geschehen etwa im Sommer 2016, als er im Koblenzer Landesmuseum seine Arbeiten zeigte. Während dieses Buch entsteht, bereitet er sich auf eine kleine Schau in seiner Wahlheimat Boppard vor. Im Stadtmuseum stehen seine Arbeiten dann in unmittelbarer Nähe zu einem anderen großen Kreativen vom Mittelrhein.

Vor gut 200 Jahren begann Michael Thonet in Boppard sein Schaffen. Der Designer und Möbelhersteller gründete im Jahr 1819 dort seine erste Werkstatt, wo er eine neuartige Technik entwickelte, um Holz zu formen und zu biegen. Mithilfe dieser Technik entstanden die berühmten Thonet-Stühle, die im 19. Jahrhundert millionenfach hergestellt und verkauft wurden. Eine ganze Reihe von ihnen sieht man nun im Bopparder Stadtmuseum. Nach umfangreichen Restaurierungsarbeiten eröffnete das Museum in der Kurfürstlichen Burg im Jahr 2015 neu, deren ältester Teil aus dem Jahr 1265 stammt. Neben einem Streifzug durch die Stadtgeschichte der alten Römersiedlung ist die Thonet-Ausstellung das Herzstück des Museums.

Thonet selbst verließ Boppard 1842 in Richtung Wien, wo er im Auftrag Fürst von Metternichs maßgeblich an der Ausgestaltung von Bauwerken wie dem Palais Liechtenstein oder dem Café Daum beteiligt war. Nach seiner Zeit in Wien schaffte der Möbeldesigner den Durchbruch mit seinem Stuhl Nummer 14, der als „Wiener Kaffeehausstuhl" um die Welt ging und bis heute 50 Millionen Mal hergestellt und verkauft wurde. Mit seiner Arbeit nahm Thonet vieles von dem vorweg, was in der heutigen Produktwelt selbstverständlich ist. Firmen wie Apple praktizieren heute, was für Thonet schon vor 200 Jahren selbstverständlich war: Das Design ist genauso wichtig wie die Funktion eines Objekts. Für Thonet bestand ein Stuhl nicht nur aus vier Beinen mit einer Lehne und einer Sitzfläche. Die von ihm entwickelte Holzbiegetechnik verlieh seinen Stühlen ihr charakteristisches und einzigartiges Aussehen. Geschwungene Linien, runde, aus einem einzigen Stück gebogene Lehnen sind das Markenzeichen der Thonet-Möbel.

Doch das Design war bei Thonet nicht nur schöner Schein. Es trug entscheidend zur Funktionalität seiner Objekte bei. Dahinter steckte ein cleveres Konzept, das es ermöglichte, die von ihm entworfenen Stühle in wenige Einzelteile zu zerlegen und platzsparend zu verpacken. Damit konnten Thonet und seine Söhne ihre Möbel massenhaft produzieren und ausliefern. „Thonet war so was wie der Vorläufer von Ikea", sagt Frank Kunert schmunzelnd beim Besuch im Stadtmuseum, das auch so manch kurioses Möbelstück aus Thonets Zeit zeigt. Etwa den Rauchersessel von 1870, auf dem der Rauchende rittlings Platz nahm, die Lehne vor sich wie ein Jugendlicher, der sich in provozierender Haltung auf einen normalen Stuhl gesetzt hat. Bequem konnte er seine Arme auf der gepolsterten Lehne ablegen, an der ausklappbare Behältnisse angebracht waren, die wahlweise als Aschenbecher oder Abstellfläche für ein Weinglas genutzt werden konnten. Eine fast schon provozierende Lässigkeit strahlt dieser Stuhl aus, vor dem inneren Auge entstehen Bilder von rauchgeschwängerten Salons, in denen gut gekleidete Menschen angeregt Neuigkeiten aus aller Welt diskutieren.

Kunst und Handwerk lagen bei Thonet ganz nah beieinander, ganz ähnlich wie bei Frank Kunert, der sich aus diesem Grund seinem Vorgänger in Boppard verbunden fühlt. Anders als Thonet, der den Mittelrhein irgendwann verließ, hat Kunert die Region als neue Heimat entdeckt. Seit 2010 leben seine Frau Elizabeth Clarke und er in Boppard. Hier arbeitet er nun an seinen „Miniaturwelten", die zu seinem Markenzeichen als Künstler geworden sind. Aus Leichtschaumplatten modelliert Kunert kleine Szenerien, einem Diorama nicht unähnlich. Bis zu drei Wochen bastelt er an einem Motiv, das er dann mit seiner Kamera fotografiert. So entstehen verblüffend realistisch wirkende Szenarien. Viele Betrachter glauben tatsächlich, es handelt sich um Fotomontagen echter Landschaften. Dabei verzichtet Kunert, von kleineren Korrekturen und Retusche abgesehen, auf digitale Nachbearbeitung. Auch Hintergründe wie Wolken oder Unterwasserwelten modelliert er selbst und leuchtet sie entsprechend aus. So entsteht ein natürlicher Eindruck.

Geboren und aufgewachsen ist Kunert in Frankfurt und im Rhein-Main-Gebiet. Das triste Großstadtleben ist ein häufiges Motiv in seinen Arbeiten. Karge Betonlandschaften erzählen kleine Geschichten von der Sehnsucht, der Tristesse und dem Gefängnis aus Hochhäusern und Asphalt entfliehen zu können. Etwa das Bild eines heruntergekommenen Straßenkiosks, auf dessen Dach eine Luxusvilla thront: „Der Traum vom Glück".

In allen Bildern gibt es mindestens eine zweite Ebene, die sich erst beim zweiten oder dritten Hingucken erschließt. Dazu kommt hier und da eine kräftige Prise schwarzer Humor, etwa im Bild „Das Leben geht weiter", in dem ein Zeitungsabonnement über den Tod hinaus verlängert wird. Auch der Mittelrhein hat Kunert schon zu einer Arbeit inspiriert: Die Veränderungen in der einst prosperierenden Touristenregion verarbeitete er im Motiv „Hotel Bellevue" (Das rein gar nichts mit dem sehr schönen Original in Boppard zu tun hat!). Es zeigt ein kurz vor dem Zerfall stehendes Hotel, das seine besten Jahre hinter sich hat. Während die Außenansicht trist und grau ist, erkennt man beim Blick ins Innere einen blauen Himmel. Die Deutung des Motivs überlässt Kunert dem Betrachter.

„Man begegnet hier oft der Erinnerung an alte Zeiten. Das Geschichtsträchtige ist an vielen Orten spürbar und immer wieder auch das Vergängliche", beschreibt Kunert den Ausgangspunkt seiner Arbeit. Nachdem die erste Idee geboren war, reiste er durchs Tal und recherchierte vor Ort nach Details, die ins fertige Werk mit einflossen. Eine Tafel mit der Aufschrift „Hier liegen Sie richtig" hat er genau so, wie sie jetzt im Modell zu sehen ist, in Kamp-Bornhofen gesehen. „Das fand ich perfekt. So was kann ich nicht besser machen", sagt er. Symptomatisch für den Mittelrhein soll das Werk nicht sein. Schließlich ist das Paar bewusst nach Boppard gezogen, beide schätzen die Landschaft und die Region sehr. Und auch das Museum Boppard in der Kurfürstlichen Burg empfindet Kunert als besonderes Kleinod dieser Gegend. Der Thonet-Ausstellung jedenfalls wünscht Kunert noch mehr Besucher. So von einem Mittelrhein-Künstler zum anderen.

Museum Boppard

Kurfüstliche Burg · Burgplatz 2 · 56154 Boppard
06742/8015984 · museum-boppard.de
Öffnungszeiten: Dienstag, Mittwoch und Freitag von 10 bis 17 Uhr, Donnerstag von 10 bis 20 Uhr, Samstag, Sonntag und an Feiertagen von 11 bis 18 Uhr, Montag geschlossen

Frank Kunert

Mehr von und über Frank Kunert bei frank-kunert.de

Mit Nostalgie ins 21. Jahrhundert: Das Bopparder Jugendstil-Hotel Bellevue geht in die fünfte Generation

„Wir sind ein historisches Komfort-Hotel, genau wie vor 130 Jahren", erklärt Hotelchefin Doris Gawel, wenn man sie fragt, was das Bopparder Hotel Bellevue so besonders macht. „Ich sehe das ein bisschen anders", fällt da ihr Sohn Marek ein und holt zu einem ausführlichen Vortrag über die Hotelleriebranche aus, die inzwischen nur von großen Ketten und mächtigen Franchiseunternehmen dominiert wird. „Wir gehören zu den wenigen Hotels, die noch komplett inhabergeführt sind", schließt er seine Ausführungen. Doris Gawel hat ihrem Sohn die ganze Zeit aufmerksam zugehört, seinen Vortrag nicht einmal unterbrochen; obwohl er ihn damit begonnen hatte, ihr zu widersprechen.

Vielleicht ist es das, was das Bellevue so besonders macht: Dass es hier zwei Generationen schaffen, ein traditionsreiches Haus trotz manchmal unterschiedlicher Vorstellungen gemeinsam zu führen und weiterzuentwickeln. Es ist bereits der vierte Generationenwechsel im Bellevue, das seit 130 Jahren von Doris Gawels Familie geführt wird. Und das es in all der Zeit immer geschafft hat, das zu sein, was man gemeinhin so als „erstes Haus am Platz" bezeichnet. Selbstverständlich ist das nicht. Die Zahl der Betten am Mittelrhein ist in den vergangenen Jahren kontinuierlich zurückgegangen. Seit 1990 sind in der Region mehr als 150 Betriebe eingegangen, weil sie keinen Nachfolger finden konnten oder nicht mehr wirtschaftlich waren. Bis in die 1980er-Jahre lebten die Hotels am Mittelrhein prächtig von Busreisen aus dem Ruhrgebiet, den Niederlanden oder Großbritannien. Dann wurde das Reisen immer günstiger. Auf einmal konnte sich jeder einen Urlaub auf Mallorca leisten. Früher war der Schwarzwald die Konkurrenz für den Mittelrhein. Heute steht man selbst mit exotischen Zielen wie Thailand oder der Dominikanischen Republik im Wettbewerb. Zwar luden die Busse nach wie vor jedes Jahr verlässlich Stammgäste am Mittelrhein ab. Aber neue und vor allem jüngere Gäste kamen in den vergangenen Jahren kaum noch dazu.

Auch weil viele Betriebe es versäumten, sich zu modernisieren und zeitgemäße Angebote zu schaffen. Diesen Rückstand haben viele Hotels am Mittelrhein bis heute aufzuholen. Noch immer sieht man etwa Häuser, die Schilder mit der Aufschrift „Fremdenzimmer" vor die Tür stellen, in der Hoffnung, dass unter all den Fremden auch mal der ein oder andere Gast dabei sein möge. Der Investitionsstau ist groß, auch in den Köpfen. Andernorts zahlen die Menschen bereits mit dem Smartphone. Am Mittelrhein sperren sich manche Betriebe gegen Kreditkarten. Und es wird nicht einfacher dadurch, dass die nächste Revolution im Tourismusgeschäft schon in vollem Gange ist. Vor 30 Jahren war es die Aufgabe von Doris Gawel und ihrem Mann Jan, das Hotel unabhängig vom Bustourismus zu machen. Doris Gawel musste dafür noch abwarten, bis ihr Vater den Betrieb komplett in ihre Hände legte. Mit ihm zusammenzuarbeiten, das kam für sie nicht infrage: „Er war ein Patriarch", sagt sie heute. Der aktuelle Generationenwechsel vollzieht sich ganz anders: Doris und Marek Gawel arbeiten Hand in Hand.

Marek Gawel verkörpert die fünfte Generation der Hoteliersfamilie. Nach einer klassischen Hotelausbildung und einem Wirtschaftsstudium mit Aufenthalt in den USA kehrte er in den heimischen Familienbetrieb nach Boppard zurück. Dort gibt es nun eine klare Aufgabenteilung: Während sich Vater Jan Gawel lieber im Hintergrund hält und sozusagen „im Maschinenraum" arbeitet, kümmert sich Doris Gawel um das klassische Hotelgeschäft. Und Marek Gawel sorgt dafür, dass das Bellevue mit der Entwicklung im 21. Jahrhundert Schritt hält. Vorbei die Zeiten, als Reisende dicke Kataloge wälzten oder ins Reisebüro ihres Vertrauens gingen. Hotels werden inzwischen zum überwiegenden Teil online gesucht und gebucht. Die für ein Hotel entscheidende Sterneanzahl vergeben die Gäste selbst: Auf Portalen wie TripAdvisor, HRS oder booking.com bewerten sie Hotels und Restaurant, schreiben, wie ihnen der Aufenthalt gefallen hat, und sparen auch nicht mit Kritik. Das muss man nicht nur aushalten, man muss darauf reagieren und mitreden. Kaum ein Hotel am Mittelrhein ist dabei so aktiv im Netz wie das Bellevue.

Jede Bewertung, jeder Kommentar zu dem Hotel im Netz wird beantwortet. Auf Beschwerden gehen Marek Gawel und sein Team persönlich ein. Auf TripAdvisor beschwert sich Userin Veronika G. über „Chaos im Restaurant". Falsch servierte Gerichte, lange Wartezeiten, überforderte Kellner: harter Tobak für das Bellevue-Team, das an sich selbst höchste Ansprüche stellt. In der ausführlichen Antwort des Hotels heißt es: „Dafür, dass Sie so lange auf Ihr Essen warten mussten und zusätzlich falsche Beilagen serviert wurden, möchten wir uns in aller Form bei Ihnen entschuldigen. (...) Wir können Ihnen versichern, dass derartige Vorkommnisse bei uns eine absolute Ausnahme sind."

Die negative Bewertung wird dadurch nicht ungeschehen gemacht, aber andere Nutzer sehen, dass das Hotel Fehler eingesteht und sich mit Kritik auseinandersetzt. Das bleibt auch im Betrieb nicht ohne Folgen: Die Bewertungen aus dem Netz führen zu Umstellungen im Service oder Änderungen in bestehenden Abläufen, sagen die Gawels. „Wir lernen jeden Tag dazu", sagt

Doris Gawel. Und Sohn Marek ergänzt: „Wir diskutieren jedes kleine Detail. Wo andere aufhören, fangen wir erst an." Das geht, weil im Familienbetrieb die Freiheiten größer sind als in straff geführten Franchiseunternehmen, wo selbst die Anschaffung neuer Kugelschreiber erst mal vom Einkauf abgesegnet werden muss. Die Onlinebewertungen sind für das Bellevue auch aus einem anderen Grund wichtig. Wer häufig und kontinuierlich gute Bewertungen erhält, wird von den Algorithmen der Portale höher bewertet und taucht deswegen weit oben in den Suchlisten auf, erklärt Marek Gawel. Und wer dort weit oben steht, wird häufiger gebucht. Darum fordert das Bellevue seine Gäste aktiv dazu auf, den Aufenthalt zu bewerten. Das Risiko, sich dabei auch negative Kommentare einzufangen, gehen die Gawels gern ein.

Die Atmosphäre rund um das Bellevue soll geprägt sein von der Nostalgie des frühen 19. Jahrhunderts. Hinter den Kulissen aber will man auf dem Stand des 21. Jahrhunderts sein. „Bei uns ist die Vergangenheit noch spürbar, wie in einem Museum, ohne dass wir angestaubt sind", sagt Marek Gawel. Auf die Art will das Bellevue eine Nische besetzen und sich im Konzert der großen Hotels behaupten. Um das Feedback im Netz zu bewältigen, gibt es im Hotelbetrieb inzwischen einen Social-Media-Manager. Weiterer Baustein der Onlineaktivitäten: die hervorragend gepflegte Webseite des Bellevue, die mit Tipps für Veranstaltungen und Hinweisen zu Sehenswürdigkeiten in der Umgebung mehr Informationen bietet als viele Onlineauftritte der Städte und Gemeinden am Mittelrhein. Auch in Sachen Vermarktung geht man neue Wege: Marek Gawel lädt auch Reise- und Genussblogger ins Restaurant des Bellevue ein, um das Hotel in dieser Szene bekannt zu machen.

Nur eine Sache gibt es im Bellevue nicht: dass sich Gäste mit der Androhung einer schlechten Bewertung eine Sonderbehandlung erschleichen können. Auch das kommt vor und ist eine der Schattenseiten der Kommentarkultur im Netz. Doch die muss man wohl aushalten, wenn man neue Wege beschreiten will.

Rheinhotel Bellevue
Rheinallee 41 · 56154 Boppard · 0 67 42/10 20
info@bellevue-boppard.de · bellevue-boppard.de

„Bitte ohne Putenbruststreifen":
Vegane Küche im Bopparder Karmeliterhof

„Gute-Laune-Käse" ist die Spezialzutat in der Gemüsequiche von Marion Hähn. Wer sich mit der Köchin des Karmeliterhofs unterhält, hat das Gefühl, dass sie selbst jeden Tag ein ganzes Wagenrad dieser Spezialität verspeist. Ihre Fröhlichkeit ist ansteckend, ihre Lebenseinstellung beneidenswert. Ihr Motto: Nur noch das tun, was glücklich macht. Wie zum Beispiel die Kiste mit frischem Gemüse auszupacken, die sie jeden Morgen in ihr Restaurant geliefert bekommt. Dann überlegt sie sich, was sie heute gern kochen würde, und stiefelt erst mal zu ihrer „Biotante", um fehlende Zutaten zu holen.

Die „Biotante" heißt eigentlich Martina Nehring und führt seit 18 Jahren einen kleinen Bioladen in Boppard; auch dieser eine Rarität am Mittelrhein. Bei ihr bekommt Hähn Chia-Samen, Reismilch, Lupinenmehl und Hafersahne. Woanders werden diese Lebensmittel von cleveren Marketingstrategen zu „Superfood" verklärt. Marion Hähn kocht seit Jahren damit. Nicht, weil es im Trend liegt, sondern weil sie es so wollte. „Für mich ist das ein Steckenpferd geworden", sagt Hähn. „Vegetarier und Veganer haben in der Regel ein viel höheres Bewusstsein für Lebensmittel. Die können auch mal drei verschiedene Olivenöle unterscheiden." Und sind dementsprechend bereit, auch den Preis für Qualität zu bezahlen. Was nicht heißen soll, dass es im Karmeliterhof teuer ist. Die Gemüsequiche mit Salat gibt es für bezahlbare 8,90 Euro. Eigentlich erwartet man vegane Restaurants in hippen Szenevierteln in deutschen Großstädten. Aber doch nicht am Mittelrhein, wo gutbürgerliche Speisegaststätten Schnitzel, Wurstplatte und Flammkuchen auf den Speisekarten stehen haben. Wer fleischlose Küche bevorzugt, hat hier schon mal die Wahl zwischen Käseigel und einem Salat mit Putenbruststreifen, aber bitte ohne Putenbruststreifen. Auch der Karmeliterhof ist kein ausschließlich veganes Restaurant. Es gibt zum Beispiel Schnitzel mit Spargel und Sauce Hollandaise. Tatsächlich hat man aber eher das Gefühl, dass es hier zu den vegetarischen und veganen Gerichten auch eine Alternative mit Fleisch gibt, nicht umgekehrt.

Und wer davon nicht satt wird, dem sei zum Nachtisch ein Stück Kuchen oder Torte empfohlen. Hähns Mann Dirk ist gelernter Konditormeister und erster Bewunderer der veganen Küche seiner Frau. Mit einer Ausnahme: „Vegan Backen, das kann ich nicht. Das ist nichts für mich." Er backt noch nach der Faustregel „Pfund auf Pfund". Also, ein Pfund Butter auf ein Pfund Mehl und bloß kein Backpulver. Das Ergebnis sind zum Beispiel herrlich lockere Sandplätzchen, die es anstelle trockener, eingeschweißter Bröselkekse zum Kaffee gibt. Oder ein Apfelkuchen, der so saftig wie eine ganze Obstwiese schmeckt. Es ist nicht nur der Käse, der im Karmeliterhof gute Laune macht.

Der Karmeliterhof
Karmeliterstraße 1 · 56154 Boppard · 0 67 42/48 48
karmeliterhof-boppard.de
Öffnungszeiten: April bis Dezember täglich von 10 bis 23 Uhr

Bioladen
Heerstraße 175 · 56154 Boppard
Öffnungszeiten: Montag bis Samstag von 9 bis 18 Uhr

Stromaufwärts

Vinothek, Klettersteig, Ziegen:
Meine Tipps von Stolzenfels bis Boppard

Neben den auf den vorherigen Seiten beschriebenen Orten gibt es viele weitere tolle Entdeckungen zu machen im nördlichen Teil des Welterbetals. Hier sind ein paar Empfehlungen von meiner Seite, wie immer garantiert subjektiv und unvollständig.

Wein

Der Bopparder Hamm ist die größte Weinlage im ganzen Welterbegebiet. Da ist es nur natürlich, dass es hier eine Reihe sehr guter Winzer gibt. Hier sind drei davon.

Matthias Müller
Mainzer Straße 45 · 56322 Spay · 0 26 28/87 41
info@weingut-matthiasmueller.de · weingut-matthiasmueller.de

Das Weingut Matthias Müller ist eines der größten und renommiertesten Weingüter des Mittelrheins. Die Geschichte des Betriebs reicht rund 300 Jahre zurück. In den Weinführern erhält Müller regelmäßig Bestbewertungen, 2012 kürte ihn der Gault-Millau zum „Winzer des Jahres". Damit nicht genug, führt er mitten in Spay auch noch eine der modernsten Vinotheken der Region. Die sollte man auf jeden Fall gesehen haben.

Weingut Didinger
Rheinuferstraße 13 · 56340 Osterspai · 0 26 27/5 12
weingutdidinger@web.de · weingut-didinger.de

Jens Didinger hat den besten Blick auf seine eigenen Lagen im Bopparder Hamm. Denn sein Weingut befindet sich in Osterspai, direkt gegenüber auf der anderen Rheinseite. Was bedeutet, dass er jedes Mal mit der Fähre übersetzen muss, wenn es in den Weinberg geht. Vielleicht ist es diese extra Portion Mühe, die dazu führt, dass Jens Didingers Erzeugnisse ständig mit Bestnoten überhäuft werden.

Florian Weingart
Mainzer Straße 32 · 56322 Spay · 0 26 28/87 35
mail@weingut-weingart.de · weingut-weingart.de

Florian Weingart kennen wir schon von seiner Unterstützung für die Weinbruderschaft Brey. Die ehrenamtlichen Winzer haben sich einen guten Partner gesucht. Das Weingut Weingart liefert zuverlässig hervorragende Weine aus der Region um Boppard. Besonders empfehlenswert ist ein Blick auf die Webseite und in die Gedankenwelt von Florian Weingart. Der entspringen so tolle Sätze wie „Der Wein reflektiert das Rätsel unserer eigenen Individualität, unseres eigenen So-Seins. Wir kehren immer wieder zurück und finden nie dasselbe vor, wir können viel erklären und mutmaßen, aber zum Ende kommen wir nie. Es bleibt immer Geheimnis übrig." Dem bleibt nichts mehr hinzuzufügen.

Wandern

Boppard ist Ausgangspunkt zahlreicher Wanderwege. Sowohl ambitionierte Kilometerfresser als auch Familien mit Kindern finden hier passende Touren, die alle eines gemeinsam haben: Die Landschaft ist atemberaubend. Zwei Empfehlungen:

> #### Bopparder Klettersteig
> Koblenzer Straße · 56154 Boppard · 0 67 42/27 61
> Leihgebühr für die Kletterausrüstung 5 Euro, Pfand 20 Euro,
> Ausleihe bei der Aral-Tankstelle, Reservierung empfehlenswert

Als eine der wenigen, alpinen Wanderrouten nördlich der Alpen ist der Bopparder Klettersteig eine schöne Herausforderung für ambitionierte Wanderer. Wenngleich die Kletterpassagen nie höchste Schwierigkeiten erreichen, ist die Route gerade für Leute ideal, die erste Erfahrungen mit Seil und Klettereisen sammeln möchten. Das empfohlene Mindestalter liegt bei neun Jahren. Nötige Kletterausrüstung kann man in der am Fuß des Steigs gelegenen Aral-Tankstelle ausleihen. Die Klettersteigtour dauert circa drei Stunden.

Kapitel 2 · Von Stolzenfels nach Boppard

Traumschleife Elfenlay
Start und Ziel Mühltal/St. Remigiusplatz an der L 207/B 9 in Boppard
Koordinaten: Geogr. 50.234110 N 7.576813 E
UTM 32U 398502 5565629

Boppard ist an den Saar-Hunsrück-Wanderweg angebunden, einen der schönsten Wanderwege in Deutschland, dessen Markenzeichen die Naturbelassenheit ist. 70 Prozent der Wege führen durch Wälder, über Wiesen oder entlang von Bächen. Der Elfenlay-Pfad führt unter anderem an der unter Denkmalschutz stehenden Hunsrückbahn vorbei, die bei Boppard die steilste, zahnradlose Bahnstrecke Deutschlands überwindet. Von oben hat man einen fantastischen Blick über die Rheinschleife. Die Tour dauert circa vier Stunden.

Essen
Auch kulinarisch hat das nördliche Tal einiges zu bieten. Hier sind einige Tipps zum Einkehren und Genießen.

Gasthaus „Zur Marksburg"
Zehnthofstraße 58 · 56322 Spay · 0 26 28/22 85
info@gasthaus-zur-marksburg.de · gasthaus-zur-marksburg.de
Öffnungszeiten: Dienstag bis Samstag jeweils ab 16.30 Uhr, Sonntag von 11 bis 22 Uhr, Montag Ruhetag, durchgehend warme Küche

Von außen wirkt das Restaurant am südlichen Ende von Spay eher unscheinbar und ein wenig aus der Zeit gefallen. Dieser Eindruck verkehrt sich ins Gegenteil, sobald man was auf dem Teller hat. Der Lammrücken etwa sucht seinesgleichen. Kein Wunder, dass in dem Restaurant mit Blick auf die namensgebende Burg der ganze Ort einkehrt.

Restaurant Fondels Mühle
Mühltal 8 · 56154 Boppard · 0 67 42/57 75 · 01 73/3 23 13 57
info@fondelsmuehle.de · fondelsmuehle.de
Öffnungszeiten: Dienstag bis Samstag ab 17 Uhr,
an Sonn- und Feiertagen ab 12 Uhr

Fondels Mühle am Eingang des Mühltals empfehlen Einheimische als eines der besten Restaurants von Boppard. Die regionale Küche mit modernen, mediterranen Einflüssen kommt mit Produkten aus der Region und ohne künstliche Zusätze aus. Die Weinauswahl bietet sowohl Heimisches vom Bopparder Hamm als auch chilenische Tropfen.

Burg Sterrenberg
Burgenstraße 2 · 56341 Kamp-Bornhofen
0 67 73/3 23 (Restaurant)
Öffungszeiten Ausstellung: März bis Oktober täglich von
11.30 bis 18 Uhr, November bis Dezember Freitag bis Sonntag
von 11.30 bis 16 Uhr, Januar und Februar geschlossen
Öffnungszeiten Küche: Mittwoch bis Sonntag von 12 bis 20 Uhr

Die Sage der „Feindlichen Brüder" ist nach der Loreley vielleicht die bekannteste Legende des Mittelrheins. Zwei Brüder erbten die Burgen Sterrenberg und Liebenstein bei Kamp-Bornhofen. Im Streit um eine Frau entzweiten sie sich und bauten eine Mauer zwischen den beiden Burgen. So wird es bei Heine erzählt. Was es wirklich damit auf sich hat, erfährt man am besten selbst bei einem Besuch auf Burg Sterrenberg. Der lohnt sich erst recht, seit Karolin König-Kunz neue, hervorragende Gastronomie auf der Burg etabliert hat. Tipp: Unbedingt bis zum Sonnenuntergang bleiben! Schöner wird's nicht mehr am Mittelrhein.

Landgasthof „Zum Weißen Schwanen"
Brunnenstraße 4 · 56338 Braubach · 0 26 27/98 20 · Fax 0 26 27/88 02
info@zum-weissen-schwanen.de · zum-weißen-schwanen.de
Öffnungszeiten: täglich ab 17 Uhr, Mittwoch und Donnerstag geschlossen, an Feiertagen zusätzlich von 12 bis 14 Uhr geöffnet

Und noch ein Betrieb von Karolin König-Kunz, die zu den umtriebigsten und innovativsten Unternehmerinnen im Tal gehört. Ihr Landgasthof „Zum Weißen Schwanen" in Braubach verströmt Fachwerk-Atmosphäre im besten Sinne. Rustikal und gemütlich, ohne altbacken zu sein, mit Feingefühl für das historische Ensemble, ohne klischeehaft zu werden. Was insbesondere auch an der frischen und modernen Küche liegt, die sich gern im hauseigenen Kräutergarten bedient. Der wird von den Eltern der Hausherrin liebevoll und vor allem sehr kundig gepflegt. Als Teil der „Route der Welterbegärten" kann man den Garten auch besichtigen.

Im Herzen des Welterbes: Zwischen Sankt Goarshausen und Oberwesel

Weiter stromaufwärts bewegt man sich auf das markanteste Ortspaar im Talgebiet zu: Sankt Goar und Sankt Goarshausen. Ersteres liegt auf der linken Rheinseite, Letzteres genau gegenüber auf der rechten. Doch obwohl sie über den Wasserweg nur wenige Meter auseinander liegen, wirkt auch hier die Trennung durch den Rhein. Sankt Goar gehört zum Rhein-Hunsrück-Kreis, der von der Kreisstadt Simmern aus verwaltet wird. Sankt Goarshausen gehört zum Gebiet des Rhein-Lahn-Kreises, dessen Verwaltungssitz in Bad Ems ist. Verbindendes Element ist die Fähre zwischen den beiden Orten.

Der Welterbeverband

Das mit 1400 Einwohnern etwas kleinere Sankt Goarshausen (in Sankt Goar leben rund 2700 Menschen) könnte man als die heimliche Hauptstadt des Welterbegebietes bezeichnen. Denn hier hat der „Zweckverband Welterbe Oberes Mittelrheintal" seinen Sitz. Recht unscheinbar in einer Seitenstraße gelegen, hat der Zweckverband eine wichtige Aufgabe: Die Mitarbeiter kümmern sich darum, den abstrakten Titel eines „Unesco-Welterbes" mit Leben zu füllen. Keine kleine Herausforderung: Das Welterbegebiet ist groß. Es erstreckt sich über 67 Flusskilometer und umfasst 48 Städte und Gemeinden in zwei Bundesländern (siehe Kapitel „Was ist eigentlich der Mittelrhein – und wenn ja, wie viele?").

Seit dem Jahr 2002 ist das Obere Mittelrheintal von der Unesco anerkanntes Welterbegebiet. Dieser Status wurde der „Kulturlandschaft Oberes Mittelrheintal" auf Grundlage der Welterbekonvention der UN verliehen. Damit wollen die Vereinten Nationen die Stätten schützen, die von einzigartiger Bedeutung für die Menschheitsgeschichte sind. Im Falle des Oberen Mittelrheintals wurden

- die hohe Dichte an historischen Bauwerken, insbesondere natürlich die zahlreichen Burgen und Ruinen,
- die einzigartige Landschaft, die von den Bewohnern des Tals durch Wein- und Städtebau maßgeblich geprägt wurde,
- der seit Jahrhunderten bestehende kulturelle und wirtschaftliche Austausch in Europa sowie
- die Bedeutung für Literatur, Dichtung und Malerei zum Beispiel in der Rheinromantik hervorgehoben.

Die anfängliche Euphorie um diesen Titel ist allerdings ein wenig abgeklungen. Sie ist der Erkenntnis gewichen, dass ein tolles Etikett allein nicht ausreicht, um eine einst prosperierende Touristendestination aus dem Dornröschenschlaf zu holen. Eher im Gegenteil: Es kann sogar zum Klotz am Bein werden. So gesehen am Beispiel der Koblenzer Seilbahn, die um ein Haar der Welterbebürokratie zum Opfer gefallen wäre (siehe Kapitel zu Koblenz). Aktionen wie diese tragen nicht gerade dazu bei, das Image der Unesco am Mittelrhein zu verbessern. Nein, Gäste kommen nicht allein, weil etwas Welterbe ist. Sie kommen wegen dem, was eine Region zum Welterbe macht. Nichtsdestotrotz ist der Titel ein Gütesiegel, das das Obere Mittelrheintal von umgebenden Destinationen wie Eifel, Westerwald oder Rheingau abhebt. Nun gilt es, die vorhandenen Schätze der Region entsprechend in Szene zu setzen. Womit wir wieder beim Zweckverband sind.

An mehr als 30 Projekten ist die Organisation beteiligt. Einigen davon sind wir bereits begegnet: So sind die Maßnahmen zum Erhalt der Mittelrheinkirsche (siehe Kapitel zur Mittelrheinkirsche) auf das Wirken des Verbands zurückzuführen. Ein weiteres Projekt, das man im ganzen Tal besuchen kann, ist die „Route der Welterbe-Gärten". Dazu gehören besonders gut gepflegte und bemerkenswerte Grünanlagen im Tal. Beispiele dafür sind der Kräutergarten im Landgasthof „Zum Weißen Schwanen" in Braubach, die Burggärtnerei der Heimburg in Niederheimbach (siehe Kapitel zuNiederheimbach) oder der Garten der „Villa Katharina" in Bingen. Aber auch abstrakte Dinge wie die Beratung bei Bau- und Infrastrukturprojekten gehören zu den Aufgaben des Welterbeverbands.

Wichtigster Tag des Jahres für die Welterbestätten ist der „Welterbetag". Am ersten Sonntag im Juni öffnen dann auch am Mittelrhein viele zum Welterbe gehörende Bauwerke, Anlagen und Institutionen ihre Tore und präsentieren sich in besonderer Form den Besuchern. Eine gute Gelegenheit, auch für die Menschen im Tal, sich daran zu erinnern, dass der Welterbetitel der Region bei manchem Frust auch sehr viel eingebracht hat. Seit dem Jahr 2002 sind immerhin rund 450 Millionen Euro öffentliche Gelder in die Region geflossen. Noch wertvoller als das ist sicherlich das gewachsene Bewusstsein dafür, dass es sich lohnt, die historischen, kulturellen und biologischen Schätze der Region zu erhalten und weiterzuentwickeln.

| Zweckverband Welterbe
Oberes Mittelrheintal
Dolkstraße 19
56346 Sankt Goarshausen
0 67 71/59 94 45
info@zv-welterbe.de
welterbe-mittelrhein.de

Stromaufwärts

Zwischen drei Burgen
Katz-und-Maus-Spiel

Eingerahmt werden Sankt Goar und Sankt Goarshausen vom Dreieck der Burgen Katz, Maus und Rheinfels. Die Namen der Burgen Katz und Maus stammen natürlich aus dem Volksmund. Burg Katz heißt eigentlich „Neukatzenelnbogen", nach ihrem Erbauer, dem Grafen Wilhelm II. von Katzenelnbogen. Er ließ die Burg um 1360 errichten, um das zur Grafschaft Katzenelnbogen gehörige Sankt Goarshausen absichern zu können. Ungefähr zur selben Zeit ließ der Trierer Erzbischof Boemund II. in Sichtweite zur Burg des Grafen eine eigene Burg errichten, genannt Peterseck. Der Legende nach machten die Grafen von Katzenelnbogen sich über die etwas kleinere Burg lustig: „Die Katz frisst die Maus", spotteten sie. Daher die Spitznamen der Burgen. Leider ist es nicht möglich, die beiden Burgen zu besichtigen. Sie befinden sich seit Jahren in Privatbesitz. Zumindest Burg Maus ist zumindest ab und an für Veranstaltungen wie Weinseminare oder Klassikkonzerte geöffnet.

Für Publikumsverkehr dauerhaft geöffnet ist nur die mächtige Burgruine Rheinfels, zu der man auf verschiedenen Wegen gelangen kann. Im Gegensatz zu vielen anderen Burgen ist die Rheinfels gut mit dem Auto erreichbar. Direkt vor der Burg ist ein großer Parkplatz. Wer es entspannt und entschleunigt mag, nimmt die kleine Bimmelbahn, die im 15-Minuten-Takt zwischen Tourist-

Kapitel 3 · Zwischen Sankt Goarshausen und Oberwesel

information und Burg verkehrt. Besucher, die gut zu Fuß sind, können auch den steilen Burgpfad nehmen und noch ein paar Kalorien auf dem Weg hinauf verbrennen. Keine Sorge: Oben angekommen, gibt es reichlich Möglichkeiten, den Energiespeicher wieder zu füllen.

Burg Rheinfels

Die imposante Festung wurde 1796 gesprengt, nachdem französische Revolutionstruppen sie zwei Jahre zuvor kampflos erobert hatten. Der damalige Oberbefehlshabers Generalmajor Philipp Valentin von Resius hatte die Burg mit allen Truppen fluchtartig verlassen, nachdem ihn Gerüchte erreicht hatten, dass ein 30 000 Mann starkes Heer der Franzosen auf dem Weg zur Burg sei. Eine kopflose Flucht mit Folgen: Die neuen Besitzer sprengten die gut befestigte Anlage, die 100 Jahre zuvor noch einer jahrelangen Belagerung der Franzosen getrotzt hatte. Jahre später nutzten die preußischen Baumeister Überreste der Rheinfels, um die Festung Ehrenbreitstein in Koblenz zu errichten. Recycling im 19. Jahrhundert.

Das ausgeklügelte Verteidigungssystem der Burg Rheinfels ist aber in Teilen bis heute erhalten; zur Freude der jüngeren Besucherinnen und Besucher. Die übrig gebliebenen Miniergänge sind ein wahrer Abenteuerspielplatz und versprechen echtes „Fünf Freunde"-Feeling. Kleine Entdecker sollten sich bei ihrem ersten Besuch auf der Rheinfels aber erst mal gemeinsam mit den Eltern einer Führung durch die Katakomben anschließen, um ein Gefühl fürs Gelände zu bekommen. Festes Schuhwerk ist dafür unbedingt empfehlenswert, auch für die Großen. Sandalen oder gar Stöckelschuhe (alles schon gesehen) haben „unter Tage" nichts verloren. Wer nach einer Führung noch auf eigene Faust auf Erkundungstour gehen möchte, sollte außerdem auf jeden Fall eine Taschenlampe dabei haben.

Spätestens nach einem solchen Abenteuer ist es Zeit für eine Stärkung. Auch dafür ist man auf Burg Rheinfels genau richtig. Gehobene Küche gibt es im Restaurant des Schlosshotels, einem der größten und renommiertesten Hotels des Welterbegebiets. Von der Tagung bis zum Wellness-Urlaub zu zweit kann man hier alles machen. Wer es etwas uriger und bodenständiger mag, nimmt in der Burgschänke Platz. Der beste Platz für Kaffee und Kuchen ist auf der tollen Rheinterrasse. Um dort einen Tisch zu ergattern, braucht es allerdings auch mal das nötige Quäntchen Glück. Bei schönem Wetter ist es hier eigentlich immer voll. Allein der Blick von oben auf Sankt Goar und Sankt Goarshausen lohnt den Besuch auf der Burgruine.

Aus der Vogelperspektive bekommt man einen Eindruck vom regen Treiben auf Europas meistbefahrener Wasserstraße. Tanker kämpfen sich gegen die kräftige Strömung den Rhein hinauf, während die Linienschiffe zwischen den Anle-

Kapitel 3 · Zwischen Sankt Goarshausen und Oberwesel

gern der beiden Städte hin und her kreuzen. Motorboote pflügen mit schäumender Gischt flussab. Und dazwischen sucht sich noch die Loreley-Fähre ihren Weg, um Fußgänger, Auto- und Radfahrer von der einen auf die andere Rheinseite zu bringen. Als unbeteiligter Beobachter wundert man sich tatsächlich, dass es bei diesem regen Treiben nicht ständig zu Havarien kommt.

Burg Rheinfels
Schlossberg 47 · 56329 Sankt Goar · 06741/7753 (im Winter 06741/383)
burg-rheinfels@st-goar.de
Öffnungszeiten: März bis Oktober täglich von 9 bis 18 Uhr und November von 9 bis 17 Uhr, von Dezember bis Februar geschlossen außer zu offenen Führungen am Wochenende (Infos bei der Touristinformation Sankt Goar)

Schlosshotel Rheinfels
Schlossberg 47 · 56329 Sankt Goar · 06741/8020
info@schloss-rheinfels.de · schloss-rheinfels.de

Lotsen und Schifffahrt am Mittelrhein

Damit der Verkehr auf dem Rhein reibungslos läuft, gibt es die Wasser- und Schifffahrtsdirektion, die in Oberwesel den Schiffsverkehr auf dem Rhein und seinen wichtigsten Nebenflüssen Mosel, Main und Neckar überwacht. Ihren Kommandostand hat sie direkt am Eingang zur engsten, kurvenreichsten und schwierigsten Passage der europäischen Binnenschifffahrt. Zwischen Oberwesel und Sankt Goar verengt sich der Rhein auf kaum mehr als 100 Meter Breite und ist von Sandbänken, Felsriffen und Untiefen durchsetzt. Diese Passage fordert die Binnenschiffer bis heute, und immer wieder kommt es zu kleineren und manchmal größeren Unglücken.

Noch gut im Gedächtnis ist vielen Bewohnern des Tals die Havarie des Säuretankers „Waldhof" im Januar 2011. Infolge der häufigen Richtungswechsel in den Kurven hatte sich die Ladung des Schiffes aufgeschaukelt. Die dadurch wirkenden Kräfte brachten den Tanker kurz vor Sankt Goarshausen zum Kentern. Kieloben trieb das Schiff zu Tal und lief kurz vor dem Hafen von Sankt Goarshausen auf Grund. Zwei Besatzungsmitglieder verloren bei dem Unglück ihr Leben. Die Schifffahrt auf dem Rhein war über Wochen eingeschränkt bis unmöglich, weil das instabile Wrack Teile der Fahrrinne blockierte. Erst fünf Wochen nach der Havarie konnte das Schiff geborgen und abgeschleppt werden.

Glücklicherweise sind derartige Unglücke nicht die Regel. Aber sie erinnern uns daran, dass die Fahrt durch die Mittelrheinschlucht bis heute nicht zu unterschätzen ist. Darum gibt es hier europaweit einmalige Sicherheitsvorkehrungen, um das Risiko für Havarien so klein wie möglich zu halten. Am Eingang der Engstellen zwischen Sankt Goar und Oberwesel weisen Signalanlagen die „Bergfahrer", das sind die flussaufwärts fahrenden Schiffe, auf den Gegenverkehr hin. Dabei bedeutet ein waagerechter Balken, dass keine Talfahrt kommt. Ein Balken schräg zeigt mindestens einen Talfahrer bis 110 Meter Länge an, zwei Balken in Dachform zeigen mindestens einen Verband bis 110 Meter oder einen Einzelfahrer über 110 Meter Länge an. Wenn alle drei Balken leuchten und ein volles Dreieck bilden, kommt mindestens ein Verband über 110 Meter Länge entgegen.

Diese Signalbarken gehen zurück auf den Beruf der „Wahrschauer". Als es noch keine elektronisch gesteuerten Signale gab, standen die Wahrschauer an den gefährlichen Kurven und wiesen die Schiffsführer auf den Gegenverkehr hin, damit diese entsprechend navigieren konnten. Neben den Wahrschauern halfen die Rheinlotsen den Schiffen durchs Tal. Sie übernahmen in der Regel ab Bingen das Steuer, um die Schiffe und ihre Fracht unversehrt durchs „Gebirge", wie das Mittelrheintal im Schifffahrtsjargon heißt, zu bringen. Seit der Sprengung des Binger Lochs Anfang der 1970er-Jahre ist das nicht mehr nötig, und der Lotsenberuf starb langsam aus.

Über Jahrzehnte hatte er viele Familien am Mittelrhein ernährt. Insbesondere Kaub war einst Hochburg der Lotsen. Der Anker im Stadtwappen verweist noch heute darauf. Die Kauber Lotsengenossenschaft zählte in den 1950er-Jahren mehr als 100 Mitglieder. Im Jahr 1988 wurde die Kauber Station als letzte am Mittelrhein geschlossen. Heute beherbergt sie ein kleines Lotsenmuseum. Ähnliche Häuser gibt es am Ortsausgang von Sankt Goar an der Signalstation Bankeck oder am Rheinufer in Bingen.

Lotsenmuseum Sankt Goar
Am Bankeck · 56329 Sankt Goar · 06741/383 · st-goar.de
Öffnungszeiten: Mai bis September jeden Mittwoch und Samstag
von 14 Uhr bis 17 Uhr

Lotsenmuseum Kaub
56349 Kaub · 06774/222
Besichtigung möglich nach Anmeldung bei der
Touristinformation Kaub.

Lotsenhaus Bingen
55411 Bingen am Rhein
Öffnungszeiten: Ostersonntag bis Ende September jeden Samstag
und Sonntag sowie an Feiertagen von 14 bis 18 Uhr

Zeit für eine Typveränderung:
Wie Künstlerin Jana Wendt die Loreley sieht

Die Pose ist die gleiche wie eh und je: Im Evakostüm sitzt die blonde Frau auf dem berühmten Felsen und fährt sich durch die Haare. Der Blick geht rheinaufwärts, dem Betrachter wendet die Schöne den Rücken zu. Ihr Gesicht ist nicht zu sehen, aber wir ahnen: Diese Frau ist von Zweifeln geplagt. Sind wallende Haare und nackte Haut im heutigen Wettbewerb um Aufmerksamkeit noch genug? Eine Zeitschrift mit der Aufschrift „Typveränderung" verrät die Gedanken der Loreley im 21. Jahrhundert, die sich anscheinend nicht mehr auf ihre natürliche Schönheit verlassen will. Eine lilafarbene Strähne ziert nun die blonde Haarpracht. Ob die Kosmetik hilft?

Das Aquarell mit der Loreley im Schönheitswahn ist ein typisches Motiv für Jana Wendt. Die Lierschieder Künstlerin setzt sich in ihren Arbeiten gern mit ihrer Wahlheimat am Mittelrhein auseinander und scheut sich nicht, aktuelle Diskussionen zu kommentieren. Die bekannteste Sagengestalt der Region ist ein wiederkehrendes Motiv in Wendts Arbeiten. Kein Wunder: Schließlich sorgt die Loreley auch heute noch für reichlich Diskussionsstoff und bewegt die Gemüter der Menschen. Und bekommt nun nicht nur im Bild, sondern auch in der Realität eine Typveränderung verpasst. Das Naturschauspiel des steil zum Wasser abfallenden Felsens und der spektakuläre Ausblick auf die Landschaft inmitten des Rheincanyons reichen im heutigen Wettbewerb um Aufmerksamkeit nicht mehr.

Nur noch etwa 100 Meter schmal, aber dafür gut 20 Meter tief ist der Rhein an der berüchtigtsten Stelle seines 1230 Kilometer langen Laufs. Seit Jahrtausenden ringen Gestein und Wasser an diesem Ort um die Vorherrschaft, der die Dichter der Romantik zur berühmten Geschichte von der schönen Frau, die die Schiffer ins Verderben lockt, inspirierte. Die Loreley, der „lauernde Felsen", ist die Top-Sehenswürdigkeit des Welterbegebiets und maßgeblich dafür verantwortlich, dass das Mittelrheintal international so bekannt ist.

Die Geschichte von der „Femme fatale", die mit ihrem Gesang und ihrer Schönheit die Rheinschiffer ins Verderben lockt, fasziniert bis heute Menschen aus aller Welt. Dabei ist die Geschichte der Loreley kein „Märchen aus uralten

Kapitel 3 · Zwischen Sankt Goarshausen und Oberwesel

Zeiten", wie Heine in seinem berühmten Lied dichtete. Vielmehr ist sie eine Erfindung des Romantik-Schriftstellers Clemens von Brentano, der die Figur der Loreley erstmals in seinem Roman „Godwi" auftauchen ließ. Damit schuf er eine buchstäblich sagenhafte Frauenfigur, die bis heute inspiriert und fasziniert. Jana Wendt kam 1995 in die Heimat dieser Märchengestalt. Zuvor hatte die gelernte Porzellanmalerin in ihrer Heimatstadt Leipzig und der berühmten Meissener Porzellanmanufaktur gearbeitet. Ihrem damals erlernten Handwerk ist sie bis heute treu geblieben. In ihrem Atelier in Lierschied bemalt Wendt so ziemlich alles, was sich aus Porzellan herstellen lässt. Direkt vor der Haustür findet sie dafür eine Fülle an lohnenden Motiven; keine Mittelrheinburg, die sie noch nicht auf einen Teller gebannt hätte, von dem Sammler natürlich nicht essen, sondern den sie sich an die Wand hängen. Ebenso beliebt bei Porzellangeeks: bemalte Marmeladenlöffel. Fast schon kurios muten Porzellandeckel für Streichholzschachteln an, um diesen eine individuelle Note zu verleihen, zum Beispiel mit dem Abbild des Lieblingsautos oder eines geliebten Haustiers.

Doch diese Arbeiten müssen ruhen, wenn die Künstlerin einen plötzlichen Einfall für ein neues Mittelrhein-Motiv hat. Wenn der Geistesblitz einschlägt, braucht Jana Wendt einen Blitzableiter. Mehr als 50 Bilder sind so schon entstanden, in denen Wendt viele aktuelle Diskussionen aus der Region verarbeitet. Zum Beispiel das Dauerthema „Bahnlärm" oder den nun schon Jahrzehnte schwärenden Disput über die nicht vorhandene Brücke im Tal.

In der Landespolitik ist der Konflikt „Brücke ja oder nein?" ein nach wie vor ungelöstes Dauerthema. Die Künstlerin hat es leichter: Für eine Ausstellung auf Burg Rheinfels im Jahr 2016 baute sie die Landschaft des Mittelrheintals mit Sand und Steinen nach. Die Sehenswürdigkeiten der Region malte sie auf ausgeblasene Enteneier, die sie an die entsprechenden

Stellen in ihrer Installation platzierte. Mitten in der Installation, für den Unwissenden leicht zu übersehen, lag ein Ei, auf dem Autos über die fertige Brücke fuhren. „Zerbrechlich wie ein Entenei" nennt Wendt das Werk, das ein augenzwinkernder Kommentar über das schon mehrfach angeschobene und dann wieder auf Eis gelegte Millionenprojekt ist.

Wendt versteht sich durchaus als Stimme in der Region. Darum engagiert sie sich auch als Vorsitzende der lokalen Künstlergruppe „Die Treidler", deren Mitglieder mehrmals im Jahr Ausstellungen und Lesungen am Mittelrhein organisieren. „Künstler sollen zum Nachdenken anregen", findet sie. Und die anregendste Figur der Region ist eben die Loreley. „Die kennt einfach jeder. Für mich steht sie exemplarisch für das ganze Tal", sagt Jana Wendt.

Das sehen vor allem die Touristen aus USA, Großbritannien, China oder Japan auch so: Ein Besuch des 132 Meter über der Wasserlinie gelegenen Felsplateaus steht für Besucher aus dem Ausland nach wie vor in einer Reihe mit Schloss Neuschwanstein, dem Brandenburger Tor oder dem Kölner Dom. Hierzulande hingegen sieht das anders aus: An der Loreley muss man nicht unbedingt gewesen sein. Zu sehr hat der Ruf der Sehenswürdigkeit in der Vergangenheit gelitten: In den Bildern von Jana Wendt mag sie mit märchenhafter Jugend und Schönheit gesegnet sein. Von der eigentlichen Touristenattraktion kann man das nicht mehr behaupten. Die war leider ziemlich in die Jahre gekommen.

Versuche, die Loreley zu beleben, gab es einige. Im Jahr 2000 eröffnete ein neues Besucherzentrum. Das ist nun auch schon mehr als 15 Jahre her. Eine wirkliche Anbindung zur eigentlichen Attraktion, dem Loreley-Felsen, fehlt; da muss man erst mal auf die Suche gehen. Auch der Gastronomiebetrieb des kleinen Bistros genügt nicht wirklich modernen Ansprüchen. Das Angebot und der Service sind – positiv formuliert – solide, nicht mehr und nicht weniger. Das sieht an anderen Orten von ähnlichem Kaliber, wie der Festung Ehrenbreitstein oder dem Niederwalddenkmal in Rüdesheim, ganz anders aus.

Immerhin: Die Ausstellung zur Loreley ist nett gemacht, wenngleich auch sie nicht dazu angetan ist, die Besucher von heute vom Hocker zu hauen. Vor allem für Familien mit Kindern dürfte die kürzlich eröffnete Sommerrodelbahn

direkt am Besucherzentrum verlockender sein. Die ist eine willkommene, neue Attraktion im Welterbegebiet, in dem es ansonsten wenige Angebote gibt, die direkt auf Kinder und Familien abzielen. Zumindest in den kommenden Jahren wird man bei einer rasanten Fahrt den Hügel hinab auch einen guten Überblick über den Fortgang der Bauarbeiten an Ort und Stelle bekommen. Denn die Typveränderung ist bereits im Gange. Zurzeit laufen gewaltige Umbauarbeiten an der Loreley, die noch bis 2018 andauern werden. Ziel ist eine komplette Umgestaltung des ganzen Felsplateaus zu einem modernen Landschaftspark, der die Loreley auch optisch wieder auf Augenhöhe mit den zuvor genannten deutschen Top-Attraktionen bringen soll. Rund 10 Millionen Euro werden verbaut, um das struppige Gelände in einen modernen Landschaftspark zu verwandeln. Auch die Freilichtbühne soll modernisiert werden, die trotz einiger Mängel sicher zu den spektakulärsten ihrer Art in Deutschland gehört und Stars aller Generationen und Musikrichtungen an den Mittelrhein lockt. Von Rockbands wie Deep Purple über Opernsänger wie Placido Domingo bis hin zum Deutschrapper Cro sind in den vergangenen Jahren viele bekannte Künstler hier aufgetreten. Tipp: Wer keine Karten ergattern konnte, kann die Musik gut von Maria Ruh verfolgen, dem gegenüberliegenden Pendant zur Loreley.

Das Besucherzentrum ist auch während der Bauarbeiten geöffnet. An einem dort aufgestellten Modell bekommt man auch einen Eindruck davon, wie die Loreley in neuem Gewand mal aussehen soll. Ob der Standort wieder zum Besuchermagneten in der Region wird, muss sich noch erweisen. Eins aber ist sicher: Jana Wendt wird ein Auge auf die Veränderungen haben. Und zum Pinsel greifen, wenn die Muse Loreley ihr einen neuen Einfall beschert. Wie auch immer die Typveränderung ausgehen wird: Der Zauber dieses Ortes und seiner Geschichte wird so schnell nicht verfliegen.

Jana Wendt
Mehr zur Arbeit von Jana Wendt bei jana-porzellanatelier.de

Loreley Besucherzentrum
Auf der Loreley (Loreleyplateau) · 56348 Bornich
0 67 71/59 90 93 · besucherzentrum@loreley-touristik.de
Öffnungszeiten Bistro und Besucherzentrum: Ostern bis Oktober täglich von 10 bis 17 Uhr

Sommerrodelbahn auf der Loreley
Loreleyplateau · 56348 Bornich · 01 75/2 73 74 91
info@loreleybob.de · loreleybob.de
Öffnungszeiten: März bis November bei trockenem Wetter täglich von 10 bis 17 Uhr

Freilichtbühne auf der Loreley
56348 Bornich · Ticket-Hotline 0 69/4 07 66 25 80 · loreley-freilichtbuehne.de

Zwischen Himmel und Ääd:
Ein Besuch auf Maria Ruh

Auf „Maria Ruh" wird die Welt ein bisschen kleiner. Hier werden alle Mittelrheinklischees über die Hangkante getreten, auf dass sie vor der Loreley für immer versinken mögen. Wer sich davon überzeugen möchte, dass der Mittelrhein keineswegs in der Zeit stehen geblieben ist, dass es hier zeitgemäße Gastronomie und kreative Konzepte gibt, schaut am besten mal an dem beschaulichen Platz im sehr malerischen und sehr aufgeräumten Höhenort Urbar vorbei. (Hinweis für alle Navi-Benutzer: Es gibt einen zweiten Ort gleichen Namens in der Nähe von Koblenz. Nicht verwechseln!) Während direkt gegenüber an der Loreley noch gearbeitet wird, ist Maria Ruh schon das, was viele im Welterbegebiet gern mal sein möchten: modern, lässig und trotzdem bodenständig. Nach der Ankunft lädt der gemütliche Biergarten sofort ein, Platz zu nehmen. Wer sich erst mal die Beine vertreten und die Landschaft genießen möchte, kann aber auch direkt weiter in die dahinter liegende Parkanlage gehen. Schon von der Straße aus erahnt man den fantastischen Blick in Richtung Loreleyfelsen.

Der zweite Blick nach der Ankunft auf Maria Ruh sollte der Speisekarte im Schaukasten gelten. Hier wartet die nächste Überraschung: „Himmel un Ääd"? „Kölner Krüstchen"? Kommt etwa gleich der Köbes um die Ecke und serviert Kölsch statt Riesling? Nein, ganz so rheinisch geht es hier dann doch nicht zu. Gerd Brengmann und seine Geschäfts- und Lebenspartnerin Petra Hönes tragen die Verantwortung auf Maria Ruh, im Auftrag von Pächter Gerd Ripp. Schnell klärt sich auf, wie die rheinischen Spezialitäten auf die Karte kommen: Das Paar ist aus Köln an den Mittelrhein gekommen. Sowohl „der Mann mit der

Kapp" als auch Betriebsleiterin Petra Hönes gehören zu den Menschen, die es schaffen, jedem Gast ein Willkommensgefühl zu vermitteln. „Klar, geht hier auch mal was schief", sagt Brengmann. „Aber dann geben wir ein Schnäpschen aus, und dann geht's auch meistens wieder", sagt er mit einem Schmunzeln. Rheinische Lebensart halt.

Was den Besuch auf Maria Ruh zum Erlebnis macht, sind die vielen Kleinigkeiten, die es im Lokal und auf dem Gelände zu entdecken gibt. Jeder Winkel scheint hier seine eigene Geschichte erzählen zu wollen. Die hauseigene Röstmaschine verbreitet heimeligen Kaffeeduft im Restaurant, ist ein echter Hingucker und liefert den Gästen Gesprächsstoff. An der Wand hängt eine Skulptur von Mittelrhein-Künstlerin Jutta Reiss, die an die Treidler erinnert, die früher vom Ufer aus die Schiffe auf dem Rhein stromaufwärts zogen. Ganz unkitschig schafft das eine Verbindung zur Historie des Mittelrheins.

Eine weitere Besonderheit auf Maria Ruh sind ein paar alte Quittenbäume. Warum die nicht zum Markenzeichen des Lokals machen und Quittenprodukte anbieten, dachten sich die Betreiber. Ist schließlich mal was anderes als der sonst allgegenwärtige Wein. Damit die Obstbäume auch Früchte tragen, holten sich Brengmann und Hönes von einem Imker aus Oberwesel ein Bienenvolk. Und haben urplötzlich auch noch hauseigenen Honig, den sie verkaufen können. Bis auf die Toiletten setzt sich der Einfallsreichtum der Inhaber fort. Was sich dort abspielt, müssen die Besucher aber schon selbst herausfinden.

Innerhalb kurzer Zeit ist Maria Ruh zu einem der angesagtesten Schauplätze am Mittelrhein geworden, wo Konzerte, Weinproben und private Feiern stattfinden. Wenn das zum Vorbild für die Loreley auf der anderen Rheinseite wird, kann man optimistisch in die Zukunft des Tals blicken.

> **Maria Ruh**
> Loreleystraße 20 · 55430 Urbar · 06741/9811599
> willkommen@maria-ruh.de · maria-ruh.de
> Öffnungszeiten: täglich ab 11 Uhr, durchgehend warme Küche bis 21 Uhr, Sonntag von 9 bis 18 Uhr, Montag nur Biergarten (SB) geöffnet

Klassik für lau: Die Internationale Musikakademie Sankt Goar

„Meint der das jetzt ernst?", war die Reaktion der ersten Besucher der Klassikkonzerte der Internationalen Musikakademie in Sankt Goar. Gerade eben noch waren erstklassige, internationale Musiker vor dem Publikum aufgetreten. Und jetzt steht der Organisator der Veranstaltung, Falko Hönisch, vor dem Publikum und bittet um Spenden für die Künstler. Andererseits, und das ist mindestens genauso unglaublich: Niemand muss Eintritt zahlen, wenn die Sankt Goar International Music Festival and Academy zum Konzert bittet. Jeder gibt, was er oder sie kann. „Nur so kann jeder, unabhängig von persönlicher finanzieller Ausstattung, in den Genuss klassischer Musik auf höchstem Niveau kommen", erläutert Hönisch die Idee hinter dem ungewöhnlichen Konzept.

Eigentlich dürfte es so ein Angebot wie das der Musikakademie gar nicht geben. Hinter renommierten, rheinland-pfälzischen Institutionen der klassischen Musik wie der Villa Musica oder dem Mittelrhein Musik Festival stehen die Landesregierung, öffentlich-rechtliche Sender und finanzkräftige Sponsoren. Das Angebot von Falko Hönisch stemmt vor allem: Falko Hönisch. 80 Konzerte hat er allein im Jahr 2016 vornehmlich zwischen Ingelheim und Bacharach aus eigener Kraft auf die Beine gestellt, sich selbst um Veranstaltungsorte, Marketing und natürlich die Musikerinnen und Musiker gekümmert. Und wenn es sein musste, übernahm er auch noch den Shuttle-Service und fuhr die Konzertbesucher persönlich zur schwer zugänglichen Burg Maus hinauf. Kein Wunder, dass dieses Angebot für die ein oder andere hochgezogene Augenbraue in der Kulturszene des Landes gesorgt hat.

Dass der Bariton Falko Hönisch zusammen mit dem Tenor Emilio Pons überhaupt an den Mittelrhein gekommen ist, geht auf das Konto seiner Mutter. Diese entdeckte online die entsprechende Immobilienanzeige für die leer stehende Villa am Ortsausgang von Sankt Goar, direkt an der B 9 in Sichtweite der Loreley. Sie wusste, dass die beiden Sänger auf der Suche nach einer Immobilie waren, in der sie nicht nur leben, sondern auch ihr seit Langem geplantes Projekt, eine Musikakademie, unterbringen konnten. Normalerweise ist es schwer, Objekte wie dieses zu verkaufen: Insbesondere der Bahn- und Straßenlärm am Mittelrhein schreckt viele Interessenten ab. Hönisch nicht. Er sah vor allem das Potenzial der Immobilie: Ein bezahlbares Haus in der Nähe zum Frankfurter Flughafen in einer landschaftlich atemberaubend schönen Gegend – besser ging es fast nicht. Und so begann die ungewöhnliche Geschichte der Internationalen Musikakademie mit ihrem ganzjährigen Festival in Sankt Goar am Rhein.

Hönischs Konzept ist dabei denkbar einfach: Entweder veranstaltet die Internationale Musikakademie selbst Kurse. Damit bringt sie seit 2014 junge Musikerinnen und Musiker aus aller Welt ins Obere Mittelrheintal. Oder externe Musikdozenten können die Räumlichkeiten für Meisterkurse nutzen, für eine gewisse Zeit mit ihren Schülern im Haus wohnen und diese exklusiv unterrichten. Im Idealfall geben die Beteiligten am Ende des Kurses eines oder mehrere Konzerte im Rahmen des zugehörigen Festivals am Mittelrhein. Um die Inhalte der Kurse müssen sich die Dozenten kümmern. Die Auftritte organisiert wiederum Falko Hönisch. Bis jetzt geht das Konzept wunderbar auf, auch dank des guten Netzwerks des Hausherren. Bei seinen eigenen internationalen Auftritten als Opern- und Konzertsänger knüpft er immer neue Kontakte zu hochkarätigen Musikern, die dann wiederum dem Angebot der Musikakademie und deren Teilnehmern zugutekommen.

Auch die Schüler in Sankt Goar profitieren von Hönischs gutem Netzwerk. In der Musikakademie in Sankt Goar kommen sie in Kontakt mit Intendanten und Casting-Direktoren vom Festspielhaus Baden-Baden, dem Theater an der Wien oder der Opera de Lyon. Mit etwas Glück geht es vom Mittelrhein auf die großen Bühnen. Zuvor gilt es freilich, vor dem Publikum im Konzertsaal der Musikakademie in Sankt Goar oder im Kulturhaus Oberwesel zu bestehen. Inzwischen hat sich das auch überregional herumgesprochen, und das Programm der Musikakademie ist dementsprechend gut besucht.

Die Musikakademie hat sich so zu einem kulturellen Treffpunkt in der Region entwickelt und soll allen Menschen offen stehen. Wer möchte, kann sogar zu den Kursen in die Musikakademie kommen und den Schülern und deren Meistern lauschen (Voranmeldung hierfür ist erwünscht). „Ich will die Scheu vor klassischer Musik nehmen", erklärt Hönisch seine Mission. Und an der hält er fest, auch wenn andere deswegen die Augenbrauen hochziehen.

Sankt Goar International Music Festival and Academy
Heerstraße 5 · 56329 Sankt Goar · 0173/5728 99 95
sgimfa@gmail.com · sg-imfa.com

Loreley-Rock: In Bernies Blues Bar lassen es sogar tasmanische Teufel krachen

Seinen größten Auftritt hatte Rock-Gitarrist Rob Tognoni am 7. Mai 2004, anlässlich einer Hochzeit. Kronprinz Frederik von Dänemark und die wie Tognoni aus Tasmanien stammende Mary Donaldson wollten sich das Jawort geben. Das musste natürlich gefeiert werden. Vor den Augen des künftigen Königspaares und 45 000 weiteren Zuschauern spielte Tognoni die australische Nationalhymne und eröffnete damit das große, hochzeitliche Rock-Festival in Kopenhagen. Viel mehr kann nach so einem Auftritt nicht mehr kommen.

Mehr als ein Jahrzehnt später sitzt Tognoni im Loreleyhaus von Sankt Goarshausen und bereitet sich auf seinen Auftritt vor. Es haben sich gerade mal 30 Leute in der Musikkneipe an der B 42 eingefunden; Personal und Musiker mitgerechnet. Doch das ist nicht die Geschichte vom Abstieg eines Altrockers. Es ist die Geschichte vom Aufstieg von „Bernies Blues Bar". Tognoni wird in den kommenden zwei Stunden mit dem gleichen Feuer auftreten wie damals in Kopenhagen im ausverkauften Stadion.

Mit der Blues Bar erfüllte sich Altrocker Bernhard Schiffmann, genannt Bernie, einen Lebenstraum. Dabei war es ihm egal, dass ihn so ziemlich jeder, dem er von seinem Plan berichtete, für verrückt erklärte. Eine Musikbar mitten im Tal der Loreley, in der Blues-Musiker aus aller Welt auftreten, das klingt ungefähr so wahrscheinlich wie der Auftritt eines Gitarrenrockers bei einer königlichen Hochzeit. Noch dazu suchte sich Bernie den vermeintlich ungünstigsten Ort für sein Unterfangen aus, den man sich nur vorstellen kann. Zwischen den

Bahngleisen und der B 42 gelegen, ungefähr zwei Kilometer außerhalb von Sankt Goarshausen, ist die Bezeichnung „ab vom Schuss" für das ehemalige Loreleyhaus noch eine freundliche Untertreibung. Und doch funktioniert der Laden. Die Zeiten, in denen Bernie den Musikern hinterhertelefonieren musste, um sie zu buchen, sind vorbei. Inzwischen rufen die Musiker ihn an. In der Szene hat sich herumgesprochen, dass es am Mittelrhein eine ungewöhnliche Bühne gibt, die mit großstädtischen Clubs nicht zu vergleichen ist.

Eine internationale Größe wie Rob Tognoni, der auf Festivals vor Zehntausenden Zuschauern auftritt, wäre unter normalen Umständen für Bernie gar nicht zu kriegen. Umso verwunderter reagierte Schiffmann, als irgendwann sein Handy klingelte. Am anderen Ende der Leitung: Heidi Manu, die deutsche Tourmanagerin von Tognoni, den die Fachpresse als einen der „virtuosesten Blues-Gitarristen der Welt" bezeichnet. Tognoni hätte zwischen zwei Auftritten noch einen Abend frei. Ob ein Auftritt bei Bernie möglich wäre? „Ich kann euch doch gar nicht bezahlen", erwidert Schiffmann ungläubig. Doch die Tourmanagerin wiegelt ab: „Da werden wir uns schon einig." Und so steht „The Tasmanian Devil", wie der gebürtige Australier von seinen Fans genannt wird, an einem Wintertag in Bernies Blues Bar an der Loreley und ist bereit loszulegen.

Es sind nicht nur die Musiker, die auf Bernies Rock-Schuppen aufmerksam geworden ist. Besonders am Wochenende brummt es am Loreley-Haus, und zwar wortwörtlich. Die Blues Bar ist zu einem beliebten Biker-Treff geworden, nicht nur, weil Blues und Motorrad einfach perfekt zusammenpassen. Selbst gebackene Kuchen und die original serbische Küche von Köchin Perka sind mindestens ebenso verlockend. Wer will, dehnt den Boxenstopp bei Bernie gleich über Nacht aus, denn es gibt auch Gästezimmer im Loreleyhaus. Man sollte allerdings gewappnet sein für den Fall, dass jemand vom Kaliber Rob Tognoni zugegen ist.

Selbst aus dem Hunsrück und dem Taunus sind eigens ein paar Fans gekommen, um den Blues-Rocker hautnah zu erleben. Einer trägt sogar ein T-Shirt mit dem Konterfei des Gitarristen. Ein anderer Gast stellt sich Bernie als Markus vor. Fast zwei Stunden habe er mit dem Auto gebraucht, berichtet er. Nur für Tognoni. Es dauert nicht lange, da kommen die beiden ins Fachsimpeln und werfen sich munter Namen aus der lokalen Rockszene zu: „Kennst du noch die New Animals?" – „Hat der nicht auch bei Puma und die Beutelratten gespielt?" Bernie, selbst passionierter Schlagzeuger, ist in seinem Element.

Doch das heimische Publikum lässt ihn heute trotz Topact im Stich. „Dann wird es wohl eine kleine, intime Party", kommentiert Tognoni den nur spärlich gefüllten Raum gelassen. Zusammen mit seinem Bassisten und seinem Schlagzeuger baut er sich ganz hinten in der Bar auf. Der Hausherr begrüßt den Gast kurz, dann wirbelt der Tasmanische Teufel los. Schon die ersten Akkorde lassen das Loreleyhaus erzittern. Mal bearbeitet Tognoni sein Instrument wie ein

Kapitel 3 · Zwischen Sankt Goarshausen und Oberwesel

Schmied einen Amboss, dann wieder gleiten seine Finger flink wie die Nadel einer Nähmaschine über die Saiten. In besonders ekstatischen Momenten hält Tognoni die Gitarre wie ein Maschinengewehr, aus dem er seine Riffs buchstäblich ins Publikum abfeuert. Angesichts so viel Energie hält es auch die Zuschauer nicht lange. Zum Ende des Wohnzimmerkonzerts sitzt keiner mehr auf seinem Platz. Es ist keine Königshochzeit. Aber trotzdem hat man das Gefühl, dass Rob Tognoni diesen Auftritt so schnell nicht vergessen wird.

Bernies Blues Bar im Loreleyhaus
Rheinstr. 60 · 56346 Sankt Goarshausen
0 67 71/9 59 96 74
info@berniesbluesbar.de
berniesbluesbar.de

Freifunk für Dukatenscheißer:
Oberwesel zwischen Mittel- und Internetzeitalter

Oberwesel ist vor allem bekannt für seine gut erhaltene mittelalterliche Stadtmauer. Die Wehranlage hat dem Örtchen den Beinamen „Stadt der Türme" eingebracht. Insgesamt 16 dieser Türme erheben sich noch heute über den Dächern Oberwesels und verleihen der Stadt ihr unverwechselbares Panorama. Gekrönt wird das von der ehrwürdigen Schönburg, deren Geschichte bis ins 12. Jahrhundert zurückreicht. Heute ist die Schönburg ein luxuriöses Hotel mit einmaligem Flair. Geführt wird es von den Brüdern Johann und Hermann Hüttl, die es von ihren Eltern übernommen haben.

Wer auf die Schönburg kommt, hat sofort das Gefühl, eine andere Welt zu betreten. In den verwinkelten Fluren des Hotels können sich Neuankömmlinge wunderbar verlaufen. In einer Ecke steht ein Schachspiel aus Marmor, das den Eindruck erweckt, als wollten die Zinnfiguren jeden Moment wie von Zauberhand aufeinander losgehen. Ausladende Bücherregale bedecken die Wände des Salons; würde sich eine Geheimtür öffnen, wenn man eines der Bücher herauszieht, man wäre nicht überrascht. Mindestens genauso verwunschen wie die Burg ist der zugehörige Garten, dessen Besuch Hotelgästen vorbehalten ist. Genau wie die Burg steckt er voller Geheimnisse: etwa ein Baumhaus, das bis oben hin mit Büchern vollgestopft ist. Oder ein kleiner Pavillon, in dem die Eltern der Hüttls Reiseerinnerungen aus Afrika aufbewahren. Spätestens, wenn man beim Spaziergang durchs Gras eine Ringelnatter aufschreckt, die sich flink zwischen die Ritzen einer Steinmauer flüchtet, fragt man sich, ob „Auf Schönburg" wirklich nur ein Burghotel ist. Oder nicht vielleicht doch eher das „Hogwarts" vom Mittelrhein.

Die mittelalterliche Altstadt, die Stadtmauer, dazu noch ein verwunschenes Schloss: Oberwesel ist als Schauplatz für Ritter- und Gauklerspiele geradezu prädestiniert. Alle zwei Jahre veranstaltet der Verein zur Erhaltung mittelalterlichen Brauchtums in Oberwesel darum das „Mittelalterliche Spectaculum". Wer die Chance auf einen Besuch hat, sollte sich dieses Mittelalterfest nicht entgehen lassen. Der ganze Ort packt mit an, um die Besucher des Festivals auf eine dreitägige Zeitreise zu schicken. Das passiert mit viel Liebe zum Detail: Sogar Straßenschilder werden mit Tüchern abgedeckt, um jegliche Hinweise auf die heutige Zeit zu verbergen.

Dinge, auf die Besucher nicht verzichten können (oder wollen), bekommen zumindest eine authentische Bezeichnung; wie die Geldautomaten der örtlichen Bankinstitute, die zu „Dukatenscheißern" werden. Und da, wo es geboten ist, vereint man einfach das Beste von früher und heute: Plastikgeschirr ist tabu, dafür bekommt jeder Besucher am Eingang einen Becher aus Ton, den er sich immer wieder auffüllen lassen kann. Unrat und Dreck allerdings einfach am Straßenrand abzuladen, so weit geht die Authentizität dann doch nicht.

Neben Schauspiel und Musik gibt es vor allem viel Handwerkskunst zu bestaunen. Am eindrucksvollsten ist dies sicher bei der Schmiede im Ort, die auch heute noch in Betrieb ist. Was hier passiert, ist ein Erlebnis für alle Sinne. Glühende Eisen versinken zischend und dampfend im Wassereimer, donnernd erzittert der Amboss unter kräftigen Hammerschlägen, das heiße Schmiedefeuer stinkt archäohöllisch nach Erz und Schwefel.

Doch bei allem Mittelalterflair ist Oberwesel keineswegs in der Zeit stehen geblieben. Wer einmal im Mittelrheintal unterwegs war, wird es schnell gemerkt haben: Schnelles, mobiles Internet ist hier Glückssache. Unterwegs E-Mails lesen, ein Video auf YouTube gucken, ein Bild auf Instagram posten: Am Mittelrhein sind das keine Selbstverständlichkeiten, genauso wenig wie freies WLAN in Cafés oder Restaurants (obwohl es besser wird). In Oberwesel allerdings gibt es Internet für alle. Hinter dem Gratis-Internet steckt die Initiative Freifunk Oberwesel, die wiederum sehr vom Engagement von Franziskus Weinert lebt. Er ist Inhaber des Geschäfts Schreib- und Spielwaren Herrmann, einem der Traditionsgeschäfte von Oberwesel. Seit 1899 existiert das Geschäft in der Liebfrauenstraße schon. Von hier aus versorgt Weinert den ganzen Ort mit WLAN-Routern. Ursprünglich war sein Ziel, die ganze Innenstadt von Oberwesel, vom Bahnhof bis zum Krankenhaus, mit freiem Internet zu versorgen. Doch mit seinem Engagement wirkt er bereits über die Stadtgrenzen hinaus bis auf die andere Rheinseite. Sogar im Besucherzentrum der Loreley gibt es dank Freifunk Oberwesel inzwischen WLAN für die Besucher.

Das Konzept von Freifunk basiert auf einem einfachen Solidaritätsprinzip. Jeder, der Freifunk unterstützen möchte, kann einen Teil seiner eigenen Bandbreite dem Freifunk-Netz zur Verfügung stellen. Das Einloggen ins Netz ist für die Nutzer denkbar einfach. Einfach „freifunk-myk.de" im WLAN-Menü des jeweiligen Geräts auswählen und los geht's. Keine Registrierung, keine AGBs, einfach lossurfen. Die Geschwindigkeit hängt ein wenig davon ab, wie viel Bandbreite die Freifunk-Mitglieder bereit sind abzugeben. Zum Verschicken eines Urlaubsfotos per WhatsApp oder für einen schnellen Instagrampost reicht es meistens.

Burghotel „Auf Schönburg"
55430 Oberwesel · 06744/93930
huettl@hotel-schoenburg.com · hotel-schoenburg.com

Schreib- und Spielwaren Hermann
Inhaber Franziskus Weinert
Liebfrauenstraße 29b–31 · 55430 Oberwesel · 06744/94390
kontakt@hermann-oberwesel.de · hermann-oberwesel.de

Mittelalterliches Spectaculum Oberwesel
Es findet alle zwei Jahre in geraden Jahren an Pfingsten statt.
spectaculum-oberwesel.de

Stromaufwärts

Trittsicher und schwindelfrei:
Eine Wanderung über den Oelsbergsteig von Oberwesel

Den 2000er Jahrgang hat Winzer Jörg Lanius noch heute im Gedächtnis, weil er so katastrophal war. Am 26. Mai kam der Regen, und es sollte bis Oktober quasi nicht mehr aufhören. Das Wetter entscheidet maßgeblich darüber, wie gut ein Weinjahr wird. Darum hat ein Winzer wie Jörg Lanius ein gutes Gedächtnis dafür. Er kann sich aber noch aus einem anderen Grund gut an diesen Jahrgang erinnern. Es war das zweite Jahr, in dem er Trauben aus seiner neuen Fläche im Oelsberg lesen konnte. Und ausgerechnet in diesem ansonsten schwierigen Jahr konnte er aus diesen Trauben eine vielversprechende Trockenbeerenauslese abfüllen. Monate später trat bei einer Weinverkostung ein Mann an den Tisch von Lanius, probierte die Beerenauslese und versprach danach: „Ich komme Sie mal besuchen." Was der Oberweseler Winzer nicht ahnen konnte: Er hatte soeben einen wichtigen Schritt zur vollständigen Rekultivierung eines der berühmtesten Weinberge des Mittelrheintals gemacht.

Damals, zur Jahrtausendwende, war Jörg Lanius einer der wenigen, die sich in den Oelsberg wagten. Die zerklüftete Steillage galt als zu schwierig zu bewirtschaften, als nicht rentabel. Schon seit Jahrzehnten lagen große Teile der Fläche brach. Heute ist der Oelsberg neben dem Bopparder Hamm und dem Bacharacher Hahn wieder eine der bekanntesten Lagen am Mittelrhein. Was ihn so anspruchsvoll, aber gleichzeitig auch so einzigartig macht, kann jeder Wanderer selbst erfahren. Man sollte lediglich eine gute Kondition mitbringen. Und sich nicht so leicht einschüchtern lassen.

Das Schild am Beginn des Oelsbergsteigs ist so vielversprechend wie Respekt einflößend. Betreten auf eigene Gefahr! Trittsicherheit wird gefordert. Und Schwindelfreiheit. Insbesondere das letzte Kriterium mag höhenängstliche Zeitgenossen zweifeln lassen, ob das Unterfangen „Oelsberg" wirklich eine gute Idee ist. Doch keine Angst: Trotz des „alpinen Charakters" dieses Wanderwegs ist der Mittelrhein noch ein paar Höhenmeter von den Alpen entfernt.

Ein möglicher Startpunkt für die Wandertour ist das Zentrum von Oberwesel. Doch wer sich besonders fit fühlt und Oberwesel von Anfang bis Ende erleben will, startet die Tour auf dem Dach der Stadt, am Hotel „Auf Schönburg".

Von dort geht es über den Elfenlay-Pfad hinab in den Ort. Der bietet die Gelegenheit, bei sich selbst schon mal die eingangs geforderten Kriterien Trittsicherheit und Schwindelfreiheit zu prüfen. Der verschlungene Pfad ist steil, felsig und kantig. Wer auf Nummer sicher gehen will, packt darum besser ein paar Wanderstöcke ein. Einfache Daumenregel: Wer es hier heil runter schafft, kommt auch unbeschadet durch den Oelsberg. Einfacher wird es in Oberwesel, wo die gute Beschilderung des Rheinburgenwegs den weiteren Weg weist. Der Oelsberg ist ein Teilabschnitt dieses 196 Kilometer langen, linksrheinischen Wanderwegs.

In Oberwesel selbst bietet sich die Gelegenheit, noch mal die Akkus aufzuladen und in einem der Cafés oder Restaurants im Ort einzukehren. Insgesamt benötigt man von der Schönburg bis zum eigentlichen Oelsbergsteig 45 bis 60 Minuten, dann steht man auch schon vor dem erwähnten Warnschild. Der Einstieg in den Oelsberg birgt aber noch keine Schwierigkeiten. Man folgt einem gut befestigten Schotterweg, gesäumt von Weinterrassen.

Kapitel 3 · Zwischen Sankt Goarshausen und Oberwesel

Wer diesen Weg nimmt, „erfährt, welche Strapazen die Winzerinnen und Winzer seit Jahrhunderten auf sich nehmen, um in diesen Steillagen Weinbau zu betreiben", heißt es in einer Beschreibung des Wanderwegs auf der Webseite von Oberwesel. Für Weintrinker ist es allerdings ein Glücksfall, dass sie heute wieder in den Genuss von Tropfen aus dem Oelsberg kommen.

Ein Großteil der Rebflächen auf dem Oelsberg lag viele Jahrzehnte lang brach. Bis zu 60 Prozent neigen sich hier die Hänge, die noch dazu von steilen, unwegsamen Felswänden durchsetzt sind, wie wir während der Wanderung noch am eigenen Leib erfahren werden. Die meisten Grundstücke gehörten kleinen Betrieben, Nebenerwerbswinzern, für die sich die anstrengende Arbeit im Oelsberg irgendwann nicht mehr lohnte. Doch ein paar glückliche Fügungen kamen um die Jahrtausendwende zusammen, sodass heute wieder auf fast neun Hektar Rebfläche Trauben gelesen werden können.

Die schwierigen Passagen der Wanderung erreicht man nach etwa einer halben Stunde. In einem kleinen Waldstück nimmt die Steigung merklich zu, nachdem wir einen Bachlauf überquert haben. Die Felswände fallen zum Rhein hin fast senkrecht ab. Nun gilt es, die eingangs geforderte Trittsicherheit unter Beweis zu stellen. Eigens angebrachte Kletterhilfen erleichtern die Kraxelei zum Glück ein wenig. Insgesamt ist der eigentliche Oelsbergsteig nur 1,3 Kilometer lang. Eine gewisse Fitness ist aber spätestens jetzt auf jeden Fall erforderlich. Jemand wie Jörg Lanius hat mit dem Gelände freilich keine Probleme. Der Winzer verbringt jedes Jahr viele Wochen im Oelsberg.

Das Potenzial der Lage war nie wirklich ein Geheimnis. Den Hobbywinzern, die kleinere Lagen unterhielten, glückten immer wieder hervorragende Jahrgänge. Die Bedingungen dort sind geradezu ideal. Neben dem Bopparder Hamm ist der Oelsberg der einzige linksrheinische Südhang, wie gemacht für den nach Sonne lechzenden Riesling. Dazu ist der Rheinschiefer an dieser Stelle von einer dünnen Lössschicht überzogen, die den Weinen einen ganz eigenen, würzigen

Duft verleiht. Oelsberg-Rieslinge sind im Vergleich zu anderen Lagen etwas weicher und erfrischender, haben nicht so viel Säure wie der klassische Mittelrhein-Riesling. Lanius, wie auch viele seiner Kollegen, ahnte: Ein Fachmann könnte unter diesen Bedingungen konstant Spitzenweine erzeugen. Doch so richtig traute sich niemand an den hoffnungslos vernachlässigten Berg ran. Lanius hatte schließlich den nötigen Pioniergeist. Gemeinsam mit seiner Frau hatte er den eigenen Betrieb in Oberwesel vor einigen Jahren neu eröffnet. Wer in dem kleinen, umkämpften Anbaugebiet am Mittelrhein herausragen will, muss etwas wagen. Als sich Mitte der 90er-Jahre die Chance bot, einige Flächen im Oelsberg zu erwerben, griff Lanius zu. Und von diesem Moment an fügte sich alles wie von selbst.

Wie sich herausstellte, war der Mann, der die 2000er Trockenbeerenauslese probiert hatte, ein Redakteur der FAZ. Er hielt Wort und kam zum Weingut Lanius-Knab zurück. Danach verfasste er eine halbseitige Lobeshymne auf den Oelsberg. Durch die gute Presse waren jetzt auch andere Winzer angefixt. Der Oelsberg sollte reaktiviert werden. Dazu war allerdings eine umfassende Flurbereinigung nötig. Das heißt, alle Grundstückseigentümer mussten sich zusammenschließen, um gemeinsam die gesamte Fläche zu rekultivieren. Normalerweise dauert ein solches Verfahren Jahre.

Wieder half eine glückliche Fügung. Just zu dieser Zeit ging bei der Unesco das Welterbe-Verfahren für den Mittelrhein in die heiße Phase. Da war jedes Projekt willkommen, mit dem sich die Region irgendwie aufwerten ließ. Mit der Idee, den traditionellen Oelsberg wiederzubeleben, rannten die Winzer und die zuständige Verbandsgemeinde Sankt Goar-Oberwesel offene Türen ein. Schließlich würde die Rekultivierung nicht nur den Weinerzeugern zugutekommen. Mit der Erschließung des Weinbergs wurde gleichzeitig auch der Wanderweg angelegt, über den wir heute gehen.

Was diese Tour besonders reizvoll macht: Sie ist sehr abwechslungsreich. Mittendrin versperrt ein Gittertor den Weg, das sich aber leicht öffnen lässt. Es hält eine kleine Herde Burenziegen im Zaum, die an vielen Stellen am Mittelrhein eingesetzt werden, um die Hänge von den sonst wild wuchernden Brombeerhecken frei zu halten. Immer wieder kommt man an Aussichtspunkten vorbei, die nicht nur tolle Blicke über Oberwesel und den Rhein, sondern auch genügend Rastmöglichkeiten bieten. Dazu kommen markante Wegpunkte: An einer Stelle kreuzt ein kleiner Bachlauf den Weg, an anderer Stelle muss man durch einen Baum steigen, der wie ein Tor um den Weg herum gewachsen ist.

Dem aufmerksamen Beobachter werden auch einige Besonderheiten in den Weinlagen des Oelsbergs auffallen, die nicht unbedingt typisch für den Mittelrhein sind. Schon 2004 war der komplette Oelsberg wieder bestockt, auch dank einiger innovativer Ideen bei der Erschließung der schwierigen Lage. Charakteristisch für den Oelsberg sind die teilweise quer zum Hang angelegten Terrassen, die die Arbeit im zerklüfteten Steilhang erleichtern. Ein Erlebnis der besonderen Art ist eine Fahrt mit der „Winzer-Achterbahn". Die ebenfalls neu angelegte Monorackbahn fährt fast senkrecht den Weinberg hinauf und ermöglicht es zum Beispiel, im Herbst das Lesegut leichter abtransportieren zu können. Wer das Glück hat und von einem Winzer mal zu einer Fahrt eingeladen wird, sollte die Chance ergreifen. Dafür ist allerdings wirklich und ganz ernsthaft Schwindelfreiheit erforderlich.

Heute sind insgesamt 15 Winzer wieder im Oelsberg aktiv. Der Großteil der Fläche entfällt dabei auf die vier großen Weingüter Lanius-Knab, Dr. Randolf Kauer, Goswin-Lambrich und Stahl. Auch die Verbandsgemeinde Sankt Goar-Oberwesel unterhält eine kleine Fläche. Der Bürgermeister der Verbandsgemeinde und Hobbywinzer Thomas Bungert produziert dort seit einigen Jahren seinen eigenen Riesling: die „Bürgermeister-Edition".

Wanderer, die den Oelsberg bezwungen haben, können an der Hangkante zwei verschiedene Routen auswählen. Entweder folgen sie dem Rheinburgenweg in Richtung Urbar und Maria Ruh. Oder man geht den Rundweg zurück nach Oberwesel. Der führt nun an der Hangkante des Oelsbergs entlang und zu einem der schönsten Aussichtspunkte im ganzen Tal. Der Blick vom Günderodehaus ist wahrhaftig „filmreif".

Die epochale „Heimat"-Reihe von Edgar Reitz gehört fest zum deutschsprachigen Filmkanon und ist international bekannt. In seinen Filmen erzählt Reitz über mehrere Folgen die Geschichte des fiktiven Hunsrück-Ortes Schabbach. Als Reitz den Siebenjungfrauenblick oberhalb von Oberwesel als Kulisse für den dritten Teil seiner „Heimat"-Reihe auserkor, schenkte er dem Ort eine unerwartete Touristenattraktion; mit der es beinahe nichts geworden wäre. Das Günderodehaus ist ein 200 Jahre altes original Hunsrücker Fachwerkhaus. Für die Dreharbeiten ließ Reitz das Haus restaurieren und eigens in Oberwesel wieder aufbauen. Nachdem die letzte Klappe gefallen war und der Film „Heimat 3" im Jahr 2004 Premiere hatte, fand sich allerdings lange niemand, der die wertvolle Filmkulisse unterhalten wollte. Buchstäblich im letzten Moment retteten zwei Investoren aus der Region das „Heimat"-Haus. Das alte Filmset kann man heute noch besichtigen, es sind auch einige Requisiten ausgestellt.

Außerdem befindet sich im Günderodehaus ein gemütliches Café-Restaurant. Mit Spezialitäten aus dem Rheintal und dem Hunsrück und natürlich mit einem Riesling vom Oelsberg können Wanderer nach der anstrengenden Klettertour hier wunderbar Kraft für den Endspurt tanken.

Günderodehaus
Siebenfrauenblick · 55430 Oberwesel · 0 67 44/71 40 11 · 01 71/6 47 82 42
info@guenderodefilmhaus.de · guenderodefilmhaus.de
Öffnungszeiten: Montag bis Donnerstag von 11 bis 19 Uhr,
Freitag und Samstag von 11 bis 20 Uhr und
Sonntag von 11 bis 18 Uhr, im Winter geschlossen

Weingüter vom Oelsberg

VdP Weingut Lanius-Knab
Mainzer Straße 38 · 55430 Oberwesel · 0 67 44/81 04
Weingut@lanius-knab.de · lanius-knab.de

Weingut Dr. Randolf Kauer
Mainzer Straße 21 · 55422 Bacharach · 0 67 43/22 72
info@weingut-dr-kauer.de · weingut-dr-kauer.de

Griechischer Wein: Das Weingut Lithos verbindet Niederrhein, Mittelrhein und Westpeloponnes

Nein, der neue Winzer am Mittelrhein heißt nicht Herr Lithos. Auch wenn die Kunden Christian gern so ansprechen. Ist ja auch einfacher als Theodoropoulos. Der Name ist zwar sehr klangvoll, leider aber auch recht sperrig auf Etiketten, umständlich für eine Webseite und ach ja … Man kann sich seinen Namen halt nicht aussuchen. Aber den fürs Weingut schon. Also Lithos: Das ist Griechisch und bedeutet Fels. Ein ebensolcher aus Schiefer ragt nämlich in den Weinkeller des Hauses hinein. Die griechischen Wurzeln des neuen Winzers am Mittelrhein zeigen sich aber nicht nur im Namen.

Vor ziemlich genau einem Jahr sind Christian und Kristina Theodoropoulos nach Oberwesel Weiler-Boppard gezogen. Im Seitental eines Seitentals gelegen, wohnen die beiden buchstäblich am hinterletzten Ende des Mittelrheintals. In der Ruhe und Abgeschiedenheit können sie sich nun voll und ganz auf den Aufbau ihres eigenen Betriebs konzentrieren. 2,5 Hektar Anbaufläche hat Christian von Vorgänger Walter Lahnert übernommen, den größten Anteil davon hat, wie soll es am Mittelrhein anders sein, der Riesling. Dazu kommen noch kleinere Flächen Spätburgunder und Müller-Thurgau.

Gelernt hat der gebürtige Uerdinger das Winzerhandwerk in Rheinhessen. Danach arbeitete er bei verschiedenen Betrieben als Kellermeister. Doch der Wunsch nach dem eigenen Weingut war immer da. Gemeinsam mit Kristina schaute er sich verschiedene Betriebe an, viele davon an der Mosel. Doch irgendwie fand sich dort nichts Passendes. Und plötzlich bot sich die Chance, das Weingut Walter Lahnert zu übernehmen. So fanden sich die beiden Niederrheiner plötzlich am Mittelrhein wieder. Nun ist Uerdingen nicht unbedingt als Hochburg des Weinbaus bekannt. Die Liebe zum Wein entdeckte Christian in Griechenland. Die Heimat seiner Familie ist ein kleines Dorf im Westpeloponnes. Auf dem dortigen Bauernhof stellte Großvater Nikolaus Theodoropoulos Wein her, hauptsächlich für den Eigenbedarf. In den Sommerurlauben kam Christian so mit der Traubenverarbeitung in Kontakt. Schließlich beschloss er, selbst Winzer zu werden. Als er seine Ausbildung beendet hatte, wollte er mit den griechischen Trauben seinen ersten eigenen Wein herstellen. Doch zunächst mussten ein paar Widerstände überwunden werden.

LÍTHOS
WEINGUT & FERIENWOHNUNGEN

OSTEHØVEL
CLOTHING COMPANY
Authentic
Indians
EST. 1978
MFG.CO.

Der Großvater ist inzwischen gestorben, Onkel Pano führt den Bauernhof jetzt. Geblieben ist Opas einfache Weinrezeptur. Die Trauben der Rebsorte Agiorgitiko vergären nach wie vor im alten Holzfass. Aus dem wird der fertige Wein direkt ins Glas abgefüllt. „Und so schmeckte der dann irgendwann auch", erinnert sich Christian mit leichtem Schaudern. Er will es besser machen, und das heißt anders. Doch Familientraditionen können härter als ein Lithos sein. Es braucht die ganze Überredungskunst des frisch ausgelernten Winzers, um Vater und Onkel zu überzeugen, es mal nach seiner Methode zu probieren. Der 2007er-Jahrgang wird sein „Gesellenstück", wie er heute sagt. Und Christian tritt endgültig das Erbe des Großvaters an.

Inzwischen füllt Christians Vater Theodor Theodoropoulos pro Jahr rund 1000 Flaschen des heimischen Rotweins ab, ganz nach den Anweisungen des Sohnes. Als „Anonimo" verkauft Christian den Wein auch im eigenen Weingut, das er nun Schritt für Schritt nach seinen Vorstellungen auf- und umbauen will. Genau wie einst im Peloponnes gibt es Widerstände. „Muss man denn alles verändern?", wurde Christian mehr als einmal von den Vorbesitzern gefragt. Doch auch diesmal setzte er sich durch: Ja, man muss! Denn auch wenn sie die Idylle und Ruhe ihrer neuen Heimat schätzen: Auf Beschaulichkeit haben die beiden Neu-Mittelrheiner keine Lust. Wer wie Christian und Kristina in einer Metropolregion aufgewachsen ist, ist ein anderes Tempo gewöhnt. Der Anfang ist gemacht, jetzt muss was gehen! Und so laden die beiden einfach mal so zum „Grillen, Chillen, Weinekillen" ein, lassen einen DJ dazu coole Mucke auflegen und drehen die Lautsprecher nach Anbruch der Dunkelheit erst recht noch mal auf. Die Hütte bei Lithos ist so voll, dass Christian und Kristina hinterher erschöpft, aber glücklich feststellen: Beim nächsten Mal brauchen wir mehr Personal.

Der Veranstaltungskalender des Weinguts ist jedenfalls schon jetzt voller als der von so manch etabliertem Betrieb. Neben geselligen Weinabenden bietet Lithos Wanderungen durch die Weinberge rund um Oberwesel an. Und wer die Abgeschiedenheit des Seitentals eines Seitentals schätzt, kann im Weingut in völliger Ruhe übernachten.

Weingut Lithos
Christos Christian Theodoropoulos
Am Weinberg 78 · 55430 Oberwesel
0 67 44 / 9 49 10 31
info@weingutlithos.de
weingutlithos.de

Pommesbude, Flüchtlingscafé, Online-Wein: Meine Tipps von Sankt Goarshausen bis Oberwesel

Natürlich gibt es zwischen Sankt Goar und Oberwesel noch viel mehr zu entdecken. Hier sind noch ein paar persönliche Empfehlungen von mir. Wie immer völlig subjektiv und garantiert unvollständig.

Wein

Der Weinbau im extrem steilen Engtal ist nicht ganz so augenfällig wie im Norden und Süden des Tals, wo große Lagen wie der Bopparder Hamm oder die Lorcher Weinberge weite Flächen bedecken. Aber natürlich gibt es auch in Sankt Goar und Oberwesel eine Reihe sehr guter Betriebe. Einige habe ich bereits vorgestellt, hier folgen ein paar weitere.

Weingut Philippsmühle
Thomas und Martin Philipps
Gründelbach 49 · 56329 Sankt Goar · 06741/1606
info@philipps-muehle.de · philipps-muehle.de
Öffnungszeiten Vinothek und Weincafé „Loreley" an der B 9:
April bis Oktober täglich von 10 bis 18 Uhr

Der Vater von Thomas und Martin Philipps war der letzte Müller des Gründelbachtals bei Sankt Goar. Als die Söhne merkten, dass das Müller-Handwerk keine Zukunft hat, wandten sie sich dem Weinbau zu und haben den kleinen Nebenerwerbsbetrieb der Eltern in den letzten Jahren langsam, aber stetig ausgebaut. Inzwischen zählen sie zu den bekanntesten und innovativsten Weingütern am Mittelrhein. Dazu trägt auch die schöne Vinothek der beiden bei, die sie ganz prominent direkt gegenüber der Loreley aufgebaut haben. Unbedingt mal reinschauen!

Weingut Winfried Persch
Weingut und Gästehaus Gutsschänke Sennerhof
Winfried und Karin Persch
Rieslingstraße 1 · 55430 Oberwesel-Engehöll · 0 67 44/2 15
weingut.wpersch@t-online.de · hotel-weinproben-rhein.de

Bereits in der siebten Generation betreibt Winfried Persch Weinbau in Engehöll, einem Seitental von Oberwesel. Und die achte steht mit Sohn Wilhelm schon in den Startlöchern. Auf dem zum Weingut gehörenden Sennerhof kann man auch übernachten.

Stromaufwärts

Weingut Goswin-Lambrich
Gerhard, Marita und Christiane Lambrich
Auf der Kripp 3 · 55430 Oberwesel-Dellhofen · 06744/8066
info@weingut-lambrich.de · weingut-lambrich.de

Gemeinsam mit Vater Gerhard führt Christiane Lambrich das nach ihrem Großvater Goswin benannte Weingut in Oberwesel-Dellhofen. Die Philosophie bei Goswin-Lambrich lautet „Weinbau im Einklang mit der Natur". Die Natur dankt es offenbar: Die Weine des vielfach ausgezeichneten Betriebes gehören zu den besten am Mittelrhein.

Essen, trinken, übernachten

Weinhotel Landsknecht
Aussiedlung Landsknecht 4–6 · 56329 Sankt Goar-Fellen · 06741/2011
info@hotel-landsknecht.de · hotel-landsknecht.de

Wer näher am Rhein als im Hotel Landsknecht übernachten möchte, bekommt wahrscheinlich nasse Füße. Das Hotel im Norden von Sankt Goar im Ortsteil Fellen liegt in der Tat direkt am Rheinufer. Inhaberin Martina Lorenz führt das Hotel mit resoluter Herzlichkeit. Die frühere Weinkönigin des Mittelrheins hat gelernt, sich zu behaupten und ihr Haus kontinuierlich weiterzuentwickeln. Dabei arbeitet sie Hand in Hand mit Ehemann Joachim Lorenz. Der Winzer hat das Sagen im Weingut Lorenz und versorgt das Hotel mit erstklassigen Tropfen.

Kapitel 3 · Zwischen Sankt Goarshausen und Oberwesel

Imbiss Sankt Goar
Heerstraße 22 · 56329 Sankt Goar · 0 67 41/75 20
Öffnungszeiten: täglich von 10.30 bis 18.45 Uhr

Es muss nicht immer Fine Dining und beste Küche sein. Manchmal will man einfach Currywurst mit Pommes Rot-Weiß auf die Hand. Und die beste Currywurst am Mittelrhein gibt es in Sankt Goar, direkt an der B 9. Das markante Häuschen mit dem grünen Dach ist seit vielen Jahren verlässliche Anlaufstelle für Biker, Autofahrer und Fußgänger. Profitipp: Unterhalb der Imbissbude, direkt am Rheinufer, gibt es eine kleine Terrasse. Entspannter kann man nicht mehr speisen.

Bistro Salamander
Rathausstraße 13 · 55430 Oberwesel · 0 67 44/9 49 03 92
bistro-salamander@gmx.de

Das neu eröffnete Bistro Salamander in Oberwesel füllt auf angenehme Weise eine Lücke im kulinarischen Angebot der Stadt. Zwischen Weinstuben, Pizzerien und Cafés bietet das Salamander genau das Richtige für den Hunger zwischendurch. Leckere Baguettes und Salate zu einem fairen Preis, dazu eine moderne Einrichtung und mit Yvonne Aldazabal eine sympathische Gastgeberin: Solche Lokale darf es gern noch öfter am Mittelrhein geben.

Winzerhaus Urbar
Rheingoldstraße 8 · 55430 Urbar · 0 67 41/13 66
info@loreleyreisen.de · loreleyreisen.de

Das Winzerhaus Urbar zeigt wunderbar, wie bodenständige, gutbürgerliche Küche richtig geht. Die Terrasse und der Biergarten sind ideal, um nach einer langen Wanderung über den Rheinburgenweg einzukehren und den Tag ausklingen zu lassen. Die Speisekarte ist dazu passend. Einfache Gerichte, die aber eins a zubereitet und serviert werden. Das Winzerhaus bietet auch Übernachtungsgelegenheiten.

Uschis Wanderstation
Ursula Singer · Landstraße 5 · 56348 Oberkestert · 06773/915790
info@uschis-wanderstation.de · uschis-wanderstation.de

An der Raststation von Ursula Singer kommt man nicht vorbei. Beziehungsweise: Eigentlich kommt hier jeder vorbei, der den Rheinsteig bezwingen will. Entweder zum Auftanken nach einer beschwerlichen Rheinsteig-Etappe. Oder gleich zum Übernachten in einem der Zimmer oder einer der beiden Ferienwohnungen. Im Sommer ist hier so viel los, dass sogar die Stammgäste aus dem Ort um ihre Plätze fürchten müssen.

Café Global
Liebfrauenstraße 42 · 55430 Oberwesel
info@fluechtlingshilfe-stgoar-oberwesel.de
fluechtlingshilfe-stgoar-oberwesel.de
Öffnungszeiten: Montag und Mittwoch von 16 bis 18 Uhr

Eine absolut unterstützenswerte Initiative ist das Café Global der Flüchtlingshilfe von Sankt Goar und Oberwesel. Es bietet geflüchteten Menschen in der Region einen wichtigen Treff- und Anlaufpunkt. Gäste sind immer willkommen und werden mit Kaffee oder Tee freundlich begrüßt. Die Atmosphäre ist international, herzlich und lebendig. Das Café wird ausschließlich über Spenden finanziert, welche natürlich immer willkommen sind.

Einkaufen

Das Kleine Kaufhaus
Regina Engelmann · Heerstraße 93 · 56329 Sankt Goar · 0 67 41/9 31 03
info@kleines-kaufhaus-goar.de · kleines-kaufhaus-goar.de

„Es gibt keinen Tag, an dem ich nicht gern hier bin", sagt Regina Engelmann über ihr kleines Geschäft in der Fußgängerzone von Sankt Goar. Seit 2014 leitet sie den Laden, der eine Gemischtwarenhandlung im besten Sinne ist: Hier bekommt man alles, was man so braucht im Alltag, von Geschenkartikeln über Haushaltswaren bis hin zu Büchern und Magazinen. Selbst Angelzubehör hat Regina Engelmann im Sortiment. Im mit Einkaufsmöglichkeiten chronisch unterversorgten Mittelrheintal ein ganz wichtiges Angebot.

Versandservice Weinland Mittelrhein
0 67 44/3 43 99 90
info@weinland-mittelrhein.de · weinland-mittelrhein.de

Da hat man so viel Zeit am Mittelrhein verbracht und so viele gute Weine probiert, dass man sie am liebsten alle mit nach Hause nehmen möchte. Oder besser: sich eine Auswahl der persönlichen Favoriten direkt vor die Haustür liefern lassen. Diese Möglichkeit bietet Weinland Mittelrhein, der Versandservice von Patrick Federhen. Er hat inzwischen eine ganze Reihe sehr guter Winzer im Portfolio, die man über ihn beziehen kann; viele davon finden Sie auch in diesem Buch. In der Regel entsprechen die Preise von Weinland Mittelrhein denen der Winzer.

Stromaufwärts

„Let's Do the Time Warp Again!" – Von Rheinromantik und Kellerkino in Bacharach

Landschaftlich ist das zentrale Tal zweifelsohne der spektakulärste Abschnitt des Welterbegebiets. Doch auch im südlichen Tal gibt es einige buchstäbliche Höhepunkte. Mit dem Franzosenkopf bei Niederheimbach befindet sich hier zum Beispiel die höchste Erhebung des Welterbegebiets. Bis auf 632 Meter geht es hier hinauf, es gibt Wanderrouten bis zum Gipfel. Deutlich sichtbar ist nun auch wieder der Weinbau. Die fast senkrechten Felswände des Engtals haben dafür nicht viel Raum gelassen. Ab Kaub prägen die Terrassen der Mittelrhein-Winzer wieder das Landschaftsbild sowohl des Rheintals als auch das der linksrheinischen Seitentäler. In Lorch geht das Anbaugebiet des Mittelrheins dann in den Rheingau über. Insbesondere im Spätsommer und Herbst, wenn sich die Reben langsam verfärben, wird das Rheinufer hier in ein einmaliges Farbenspiel getaucht.

Kapitel 4 · Von Kaub bis Burg Rheinstein

Der größte Ort in diesem Abschnitt des Welterbegebiets ist Bacharach. Der berühmte Weinort hat eine der schönsten Uferpromenaden am Mittelrhein. Zwar ist man in den Rheinanlagen nicht direkt ans Stadtzentrum angebunden wie in Boppard, und es fehlt die zum Ambiente passende Gastronomie; es gibt lediglich einen Bratwurstgrill. Dafür flaniert man hier sehr schön durch eine der wenigen größeren Parkanlagen im Rheintal.

In der Altstadt von Bacharach fühlt man sich dann wirklich in die Zeit der Rheinromantik des 19. Jahrhunderts versetzt. Enge Gassen, Fachwerkhäuser und Weinstuben entsprechen ziemlich genau der Vorstellung vom idyllischen Weinstädtchen am Rhein. Bevor man sich also in einer der vielen Weinstuben niederlässt, lohnt es sich, einfach mal mit offenen Augen durch den Ort zu spazieren und sich von der Atmosphäre treiben zu lassen. Viele Orte, wie etwa der versteckte Malerwinkel, die imposante Burg Stahleck, heute eine Jugendherberge, oder die Ruine der Wernerkapelle verströmen ihren ganz eigenen Zauber vergangener Zeiten.

Doch Nostalgie hat auch ihre Tücken. Dem ein oder anderen gastronomischen Betrieb merkt man an, dass nicht nur die Fassade aus früheren Zeiten stammt. Zum Glück gibt es Orte wie Stübers Restaurant, wo die Zeit nicht stehen geblieben ist. Andreas Stüber liebt frischen Wind: Wenn es die Zeit erlaubt und das Wetter ermöglicht, tauscht er Kochschürze gegen Neopren und geht auf dem Rhein vor Bacharach surfen. Was in der Freizeit gut ist, kann im Beruf nicht schlecht sein: Auch Stübers Restaurant weht mit frischer Brise gegen angestaubte Speisekarten an und bietet einfallsreiche Gerichte mit regionalen Zutaten, wie zum Beispiel ein Sushi von der Wisperforelle.

Ein gastronomischer Höhepunkt ganz anderer Art findet im Sommer in Bacharach statt. Zur „Kulinarischen Sommernacht" verwandeln sich die Rheinanlagen in ein großes Freiluftrestaurant. Winzer aus der Region und Gastronomen aus Bacharach versorgen die Besucher am letzten Augustwochenende mit Köstlichkeiten.

Dass man Wein auch mal anders präsentieren kann, zeigt indes Jungwinzerin Cecilia Jost vom Weingut Toni Jost. Dem vom Vater übernommenen Betrieb drückt sie schon jetzt ihren persönlichen Stempel auf. Das gilt nicht nur für die Arbeit im Weinkeller, sondern auch für die Präsentation der Ergebnisse dieser Arbeit. Statt zur gediegenen Weinprobe lädt Cecilia Jost auch schon mal zum Kinoabend ins Weingut. Um dann ausgerechnet den Kultstreifen „Rocky Horror Picture Show" zu zeigen, stilecht mit Reishagel und fliegenden Klopapierrollen. So viel Esprit wünscht man sich häufiger in einem der malerischsten Orte im ganzen Rheintal.

Jugendherberge Burg Stahleck
Betriebsleitung Samuel Knoll · 55422 Bacharach · 0 67 43/12 66
bacharach@diejugendherbergen.de · diejugendherbergen.de

Stübers Restaurant im Rheinhotel Bacharach
Langstraße 50 · 55422 Bacharach · 0 67 43/12 43
info@rhein-hotel-bacharach.de · rhein-hotel-bacharach.de
Öffnungszeiten Küche in Hotel und Restaurant:
täglich außer dienstags von 17.30 bis 21.15 Uhr, Sonntag zusätzlich von 12 bis 14.15 Uhr

Weingut Toni Jost, Hahnenhof
Oberstraße 14 · 55422 Bacharach · 0 67 43/12 16
weingut@tonijost.de · tonijost.de

Das ist hier doch nicht Cuba! Ein Besuch in Kaub

Der erste Ort nach Oberwesel ist das rechtsrheinische Kaub. Zwischen den großen Touristenmagneten Oberwesel und Bacharach gelegen, spielt Kaub oft nur eine Nebenrolle in den Reiseplänen der Mittelrheinbesucher. Zu Unrecht: Kaub ist einer der vielen unterschätzten Orte am Mittelrhein, was vielleicht auch daran liegt, dass die Bewohner ihren Heimatort manchmal kleiner machen als nötig. Nun: Kaub hieß früher „Cuba". Das klingt doch schon mal Karibik. Wenn das nicht Lust macht, diesen Ort einmal genauer unter die Lupe zu nehmen, dann weiß ich auch nicht. Am bekanntesten ist Kaub sicher für die Burg Pfalzgrafenstein, die markant mitten im Rhein liegt und mit spitz zulaufenden Burgmauern den Wellen trotzt wie ein zu Berg fahrendes Schiff. Dank

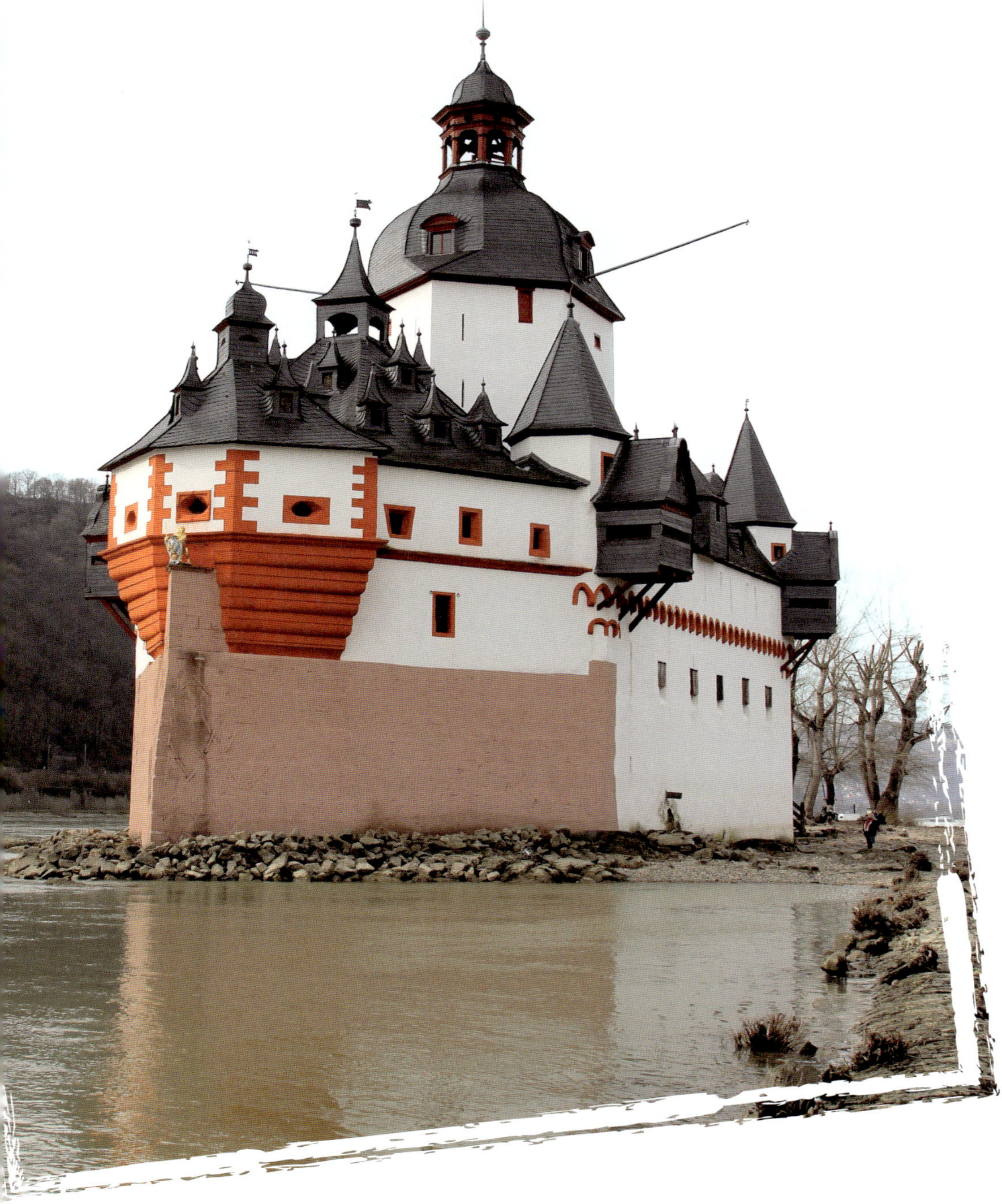

ihrer exponierten Lage gehört „die Pfalz" zu den beliebtesten Fotomotiven des ganzen Tals; neben Loreley, Marksburg und Niederwalddenkmal ist sie eines der Wahrzeichen des Welterbegebiets, ohne allerdings die Besucherzahlen dieser Sehenswürdigkeiten zu erreichen. Das hat vielleicht damit zu tun, dass „die Pfalz" nicht so leicht zu erreichen ist. Eine kleine Fähre fährt vom Kauber Ufer zur Insel Falkenau. Wer also vom linken Rheinufer kommt, muss zweimal übersetzen und erst mal die große Kauber Autofähre nehmen. Dann wechselt man auf das im Halbstundentakt fahrende Schwesterschiff der Kauber Fährgemeinschaft. Mit dem Bötchen geht es zur Insel, auf der seit dem 14. Jahrhundert so unverrückbar wie unzerstörbar die Burg Pfalzgrafenstein wartet.

Wer eine echte Mittelalterburg sehen will, ist hier genau richtig. Tatsächlich ist Burg Pfalzgrafenstein genau wie die mächtige Marksburg bei Braubach bis auf notwendige Restaurierungsmaßnahmen über all die Jahrhunderte nahezu unversehrt geblieben. Der älteste Teil ist der Turm der Burg, der schon 1327 errichtet wurde. Einst diente sie den wechselnden Herrschern der Region als Zollburg. Nach einem kurzen Gastspiel als Signalstation für die Schifffahrt werden heute höchstens noch die Besucher der Burg um einen kleinen, obligatorischen Eintritt erleichtert. Den sollte man, wenn man schon mal da ist, auch entrichten und sich die Burg von innen ansehen. Aber auch der Besuch auf der Insel ist den Preis für die Überfahrt wert.

Sprachen wir nicht gerade von Kuba und der Karibik? Nun, am Strand unter Palmen ist man hier nicht unbedingt. Aber andererseits: Viel näher dran geht auch nicht. Der flache Kiesstrand ist perfekt, um im Sommer ein wenig die Füße im Fluss zu kühlen. Kinder finden derweil reichlich Muscheln als Urlaubssouvenirs. Ein paar Bäume spenden ein wenig Schatten, wenn es mal zu heiß wird. Und wenn wieder ein Schiff in voller Fahrt an der Insel vorbeizieht, hat man sogar so was wie Meeresrauschen am Rhein. Bei aller Idylle sei an dieser Stelle dennoch zur Vorsicht gemahnt. Man ist hier buchstäblich mitten im Fluss, die Strömung fließt kräftig, und nur wenige Meter weiter kreuzt ständig eine große Autofähre den Fluss. Besser also, man wagt sich nicht zu weit ins Wasser, von Schwimmversuchen wollen wir gar nicht erst reden. Und wer unbedingt mal im Rhein schwimmen möchte, liest jetzt am besten schnell weiter. Denn dazu kommen wir gleich.

Widmen wir uns zunächst aber der Frage, wie man den Rhein trockenen Fußes überquert. Auch dafür ist Kaub genau der richtige Ort: Hier ging vor 200 Jahren der Generalfeldmarschall Blücher mit seiner Armee über den Fluss, um gegen Napoleon zu ziehen. Es ist DAS Ereignis der Kauber Stadtgeschichte, an welches nicht nur das momentan im Umbau befindliche Blüchermuseum erinnert. Alle zwei Jahre lassen die Kauber Bürger während der Blüchertage die Zeit Napoleons und der Preußen wieder aufleben. Immer zu Pfingsten in ungeraden Jahren erinnern sie mit Kostümen, Theatervorführungen und historischen Darstellungen daran, wie Blücher mit seiner Armee zum Jahreswechsel 1813/1814 im damals wie heute brückenlosen Rheintal den Fluss überquerte. Das verkürzte seinen Marsch um einige Wochen und erlaubte es ihm, Napoleon in der legendären Schlacht von Waterloo zu stellen. Kaub sicherte er mit dieser militärhistorisch zweifellos bedeutsamen Großtat damit auf ewig einen Platz in den Geschichtsbüchern.

Heutzutage hat das Interesse an den Heldentaten preußischer Generäle außerhalb militärisch interessierter Kreise freilich etwas nachgelassen. Gut, dass Kaub auch jenen, die nicht so sehr an Militärgeschichte interessiert sind, viel zu bieten hat. Vor allem sportlich aktive Urlauber finden in dem beschaulichen Städtchen eine Menge Angebote. Natürlich lässt sich Kaub wunderbar als Ausgangspunkt für eine oder mehrere Wanderungen auf dem Rheinsteig nutzen. Insbesondere die Etappe zwischen Sankt Goarshausen und Kaub ist mit einer Länge von rund 22 Kilometern tagesfüllend und durchaus anspruchsvoll. Wer in der Burg Pfalzgrafenstein auf der Insel Falkenau war, dem sind womöglich die kantigen Felsriffe aufgefallen, die in der Mitte des Flusses markant aus dem Wasser ragen. Sie sind die Überbleibsel eines gefährlichen Felsriffs, das vor vielen Jahren gesprengt wurde, und erinnern daran, dass der Rhein in der großen Mittelrheinschlucht vor ein paar Hundert Jahren ein reißender Strom voller Riffe, Untiefen und Stromschnellen war, bevor er durchgängig schiffbar gemacht wurde. Wer mutig den gefährlichen Wassern des Rheins trotzen möchte, kann dies beim Mittelrhein-Rafting tun. Kaub ist wahlweise Start- oder Endpunkt eines solchen Trips. Natürlich ist eine Tour auf dem Rhein nicht zu vergleichen mit einer wilden Fahrt auf einem Alpenfluss. Aber die starke Strömung und der durch die Schiffe verursachte Wellengang sorgen durchaus für Nervenkitzel. Spätestens, wenn ein dickes Tankschiff im Abstand von nur wenigen Metern in voller Fahrt an einem vorbeirauscht, dürfte allen Bootsinsassen klar werden, dass sie sich nun in der Froschperspektive befinden.

Auch Dirk Melzer wirbt für den Perspektivenwechsel. Seit mehr als 20 Jahren hat er seinen Bürositz in Kaub. Der Landschaftsarchitekt bringt Besucher nicht nur aufs Wasser, sondern mitten hinein. 2016 lud er mit seiner Schwimmschule Cubalido das erste Mal zum „Stromschwimmen" ein. Natürlich unter kundiger Aufsicht der DLRG: Schwimmen im Rhein ist für unerfahrene und untrainierte Schwimmer lebensgefährlich. Bei Dirk Melzer lernt man, wie es richtig geht. Doch das ist gar nicht das Hauptanliegen der Stromschwimmschule. Melzer geht es um ein Natur- und Landschaftserlebnis. Deshalb verbindet er das Schwimmen mit einer Wanderung über den Rheinsteig. So erlebt man den Rhein erst von oben und dann von unten. Spätestens wenn man den kühlen Fluten des Rheins entstiegen ist, sich an den Ufern des Rheins aufwärmt, bevor man den Tag mit einem kühlen Weißwein beschließt, wird man nachempfinden können, was Dirk Melzer meint, wenn er sagt: „Hier fühlt man sich manchmal wie am Mittelmeer."

Burg Pfalzgrafenstein
56349 Kaub · 01 72/2 62 28 00
bsa@gdke.rlp · dieburgpfalzgrafenstein.de
Öffnungszeiten: 1. Februar bis 14. März Samstag, Sonntag und an Feiertagen von 10 bis 17 Uhr, 15. März bis 31. Oktober von Dienstag bis Sonntag und an Feiertagen von 10 bis 18 Uhr, 1. bis 30. November Samstag, Sonntag und an Feiertagen von 10 bis 17 Uhr. 1. Dezember bis 31. Januar geschlossen. Bei Hochwasser (Pegel Kaub über 4,90 Meter) bleibt die Burg geschlossen.

Mittelrhein-Rafting
Zollstraße 32 · 56349 Kaub · 0 67 74/15 59
info@mittelrhein-rafting.de · mittelrhein-rafting.de

Stromschwimmschule Cubalido
rheinschwimmschule.de

Blüchertage in Kaub
bluechertage-kaub.de

Dornröschen wecken: Wie Gärtner Christian Lenz für Niederheimbach neue Sehenswürdigkeiten schafft

Ein bisschen verrückt muss man wohl schon sein, wenn man das römische Pantheon im Maßstab 1:12 nachbaut. Aber Christian Lenz kann damit leben, wenn ihn manche Leute für verrückt erklären. Das Bauwerk war ohnehin nicht die erste Idee dieser Art. Der Landschaftsgärtner hat ständig Ideen für neue Anziehungspunkte rund um seinen Heimatort Niederheimbach. Und weil er nicht nur ein bisschen verrückt ist, sondern auch jemand, der nicht so leicht von etwas abzubringen ist, das er sich mal in den Kopf gesetzt hat, schafft er es eigentlich immer, seine Ideen auch Wirklichkeit werden zu lassen.

Vor 30 Jahren übernahm Christian Lenz als junger Gärtner die damals völlig desolate Burggärtnerei der Heimburg, einer von zwei Burgen in Niederheimbach; zunächst als Pächter, inzwischen gehört ihm das fast 1900 Quadratmeter große Grundstück. Die Burg selbst befindet sich in Privatbesitz und ist nicht zugänglich. Die Burggärtnerei hingegen hat Christian Lenz über all die Jahre mit viel handwerklichem Geschick und guten Ideen zu einem bemerkenswerten Kleinod ausgebaut, das nicht nur wegen seiner Bepflanzung einen Besuch wert ist. Auffällig ist etwa der kleine Turm im Zentrum, in dessen Dach ein voll funktionsfähiges, 23-teiliges Glockenspiel eingebaut ist.

Neben den Glocken sind es vor allem die verschiedenen Märchenfiguren, die die Burggärtnerei unverwechselbar machen, die Teil der „Route der Welterbe-Gärten" ist. An einer Wand prangt ein Bild vom Rattenfänger von Hameln. In einem Beet steht ein verschämt dreinblickender Zwerg Nase. Und in einer Mauernische schläft friedlich das Schneewittchen. Diese Figuren sind Zeugen der großen Zeit von Niederheimbach, als hier eine der größten Touristenattraktionen des Mittelrheintals stand.

Über viele Jahrzehnte lockte der „Märchenhain" Jahr für Jahr Tausende Besucher nach Niederheimbach. Der ortsansässige Künstler Ernst Heilmann hatte in den 1920er-Jahren damit begonnen, einen Skulpturenpark mit Szenen aus bekannten Volksmärchen zu errichten. Mit der Zeit entwickelte sich daraus ein richtiger Freizeitpark. Neben den Märchenfiguren gab es einen Spielplatz und ein Restaurant, das stattlichen 3000 Gästen Platz bot. Die prachtvolle Gaststätte diente in den 1950er-Jahren sogar als Kulisse für einen Heimatfilm, in dem zahlreiche Niederheimbacher als Statisten mitspielten. Noch heute schwärmen ältere Talbewohner von Besuchen im Märchenhain, der zu einer Kindheit im Mittelrheintal einfach dazugehörte.

Doch während Märchen in der Regel ein gutes Ende nehmen, war dem für seine Zeit bemerkenswert erfolgreichen Freizeitpark ein anderes Schicksal beschieden. Anfang der 1980er-Jahre wurde die Parkanlage verkauft. Den Märchenhain weiterzuführen, lag nicht im Interesse der neuen Besitzer. Alle Versuche seitens der Gemeinde, den Park zu erhalten, schlugen fehl. Seit dem Ende der 90er-Jahre ist das Gelände endgültig verwaist und, ähnlich wie das Kloster Marienberg (siehe Kapitel zu Boppard), dem Verfall preisgegeben. Wie Dornröschens Schloss ist das alte Gelände vollkommen von dornigen Hecken überwuchert und taugt allenfalls als Schauplatz für Mutproben der Dorfjugend. Von deren Nachahmung im Übrigen nur abgeraten wird: Die Überreste der verfallenen Gaststätte sind eine einsturzgefährdete Ruine. Das Schicksal des Märchenhains und der kostbaren Figuren von Ernst Heilmann schien besiegelt.

Nachdem der Märchenhain aufgegeben worden war, blieben natürlich auch die Touristen weg. Und Niederheimbach wurde von einem beliebten Reiseziel zu einem weißen Fleck auf der Landkarte des Mittelrheins. Doch es lohnt sich durchaus, dem kleinen Ort einen Besuch abzustatten, am besten in Kombination mit einem Abstecher in die Nachbargemeinde Oberheimbach. Eine Reihe lohnenswerter Wanderwege verbinden die beiden Orte und die Burg Sooneck, die zweite zur Ortsgemeinde gehörende Burg (siehe nächstes Kapitel) und den Aussichtspunkt Siebenburgenblick. In Oberheimbach befindet sich mit dem Weinbergschlösschen ein exzellentes Hotel und Restaurant.

Eine weitere besondere Wanderung ist die „Rhein über"-Tour, die zunächst durch Niederheimbach und dann, nach einer kleinen Fährfahrt, weiter durchs gegenüberliegende Lorch führt. Im Verlauf dieser Tour wird man am „Kuhweg" vorbeikommen, dem Ort, an dem die Geschichte des Märchenhains doch noch ein gutes Ende nimmt. Das ist dem Engagement einiger Nieder-

Stromaufwärts

heimbacher Bürger zu verdanken, unter ihnen auch Christian Lenz. Wer durch Niederheimbach spaziert, dem begegnen die Figuren aus dem Märchenhain wieder. Wie der Name vermuten lässt, trieben auf dem Kuhweg früher die Landwirte das Vieh hinauf zu den Weiden oberhalb des Dorfes. Nachdem der Märchenhain endgültig geschlossen war, fanden einige der alten Figuren hier eine neue Heimat. Aus dem Kuhweg wurde der „Märchenpfad". Vom Ende dieses Wegs sind es dann nur wenige Meter zum eingangs erwähnten Pantheon.

Den Rundbau aus Ziegeln errichtete Christian Lenz nach einem Besuch in der Ewigen Stadt. Im Gegensatz zum nach Süden ausgerichteten Original hat er sein Pantheon „geostet". Das hat den interessanten Effekt, dass das Niederheimbacher Pantheon, wenn bei schönem Wetter das Licht durch ein Loch in der Decke fällt, wie eine Sonnenuhr funktioniert. Dieses ausgeklügelte Bauwerk, die Burggärtnerei, die Glocken, der Märchenpfad: Ein bisschen verrückt muss man wohl wirklich sein, um das alles zu erschaffen. Aber womöglich haben die Menschen in den 1920er-Jahren das über Ernst Heilmann auch gesagt, als er begann, seinen Märchenhain aufzubauen.

Burggärtnerei Christian Lenz mit Welterbegarten
Ernst-Heilmann-Straße · 55413 Niederheimbach · 06743/6236
Öffnungszeiten nach Vereinbarung

Hotel und Restaurant Weinberg-Schlösschen
Hauptstraße 2 · 55413 Oberheimbach · 06743/9471840
info@weinberg-schloesschen.de · weinberg-schloesschen.de

Der strenge Blick des Preußenkönigs: Ein Besuch auf Burg Sooneck

Ja, die Burg Sooneck will gefunden werden. Die kleine Feste kommt nicht pompös daher wie etwa das herrschaftliche Schloss Stolzenfels oder die imposante Marksburg. Eher lugt sie vorsichtig aus dem Wald zwischen Niederheimbach, zu dessen Ortsgemeinde sie gehört, und dem Nachbarort Trechtingshausen. Wer mit dem Auto anreist, muss schon aufpassen, dass er nicht den Abzweig verpasst, der urplötzlich von der B 9 in Richtung Burg führt; zwei große Fahnen mit dem Emblem der Sooneck helfen aber bei der Orientierung.

Nach gut 500 Metern wandelt sich die befestigte Fahrbahn in eine buckelige Schotterpiste, die sich zwischen den Bäumen durchschlängelt. Tiefe Schlaglöcher auf der von Wind, Wetter und schweren SUVs malträtierten Fahrbahn lassen den Autofahrer um sein Gefährt zittern. So mancher Besucher mag sich nun fragen, ob er wirklich auf dem richtigen Weg ist. Sieht so etwa der Weg zu einer Touristenattraktion aus?

Stromaufwärts

Keine Panik, wir sind auf dem richtigen Weg. Zum Glück öffnet sich der Wald an einem gut befestigten Parkplatz und gibt einen ersten Blick auf das imposante Rheinpanorama und die gegenüberliegenden Lorcher Weinberge frei. Sattsehen sollte man sich hier aber nicht. Der Blick von der Burg aus ist noch reizvoller. Ab hier geht es die letzten paar Hundert Meter zum Burgtor zu Fuß weiter. Kleiner Tipp: Ganz in der Nähe ist ein Geocache versteckt, den kundige GPS-Schatzsucher schnell noch einsammeln können. Nun aber stehen wir vor der Burg, die sich in ihrer mehr als 800-jährigen Geschichte von einem Raubritternest zu einem romantischen Jagdschloss preußischer Herrscher gewandelt hat.

Geblieben ist von diesem Erbe vor allem die Romantik. Schon beim Betreten der Burg fällt die üppige Rosenbepflanzung auf. Insgesamt 175 Stöcke werden hier mit viel Liebe gehegt und gepflegt, und das schon seit Kaisers Zeiten. Eine Kletterrose im Burghof ist nachgewiesenermaßen mehr als 100 Jahre alt. Weniger für ihr Alter als für ihren betörenden Duft ist die gelb blühende „Gloria Dei" bekannt. Steht sie im Frühling in voller Pracht, wird auf der Burg das alljährliche Rosenfest gefeiert. Bevor man allerdings mal schnuppern kann, muss der Eintritt bei Burgverwalter Klaus Collerius entrichtet werden. Er wacht in den heutigen Tagen über die Burg und weiß dementsprechend manche Anekdote zu erzählen. Etwa die vom Besuch vom Besuch eines Bundesministers a. D. Im Sommer 2005 stiefelte Norbert Blüm auf einer Wanderung an der Burg vorbei. Nach der Burgbesichtigung notierten die Chronisten noch den Verzehr eines Spundekäs in der Schänke. Ein Autogramm bezeugt den hohen Besuch; ein Gästebuch, in dem sich Besucher verewigen können, gibt es auf der Sooneck nämlich nicht.

Ebenfalls Teil des modernenen Sagenschatzes der Burg Sooneck: der Besuch von Rocksängerin Doro Pesch. Im romantischen Ambiente der Burg drehte sie das Musikvideo zu ihrem Schmachtfetzen „Let Love Rain on Me", eine der wenigen Balladen der sonst vor allem für Heavy Metal bekannten Sängerin. Das Internet vergisst nicht: Das Video aus dem Jahr 2004 ist auf YouTube immer noch zu sehen. Großer Erfolg war dem Song allerdings nicht beschieden, zumindest nicht in Doros Heimat. Lediglich Platz 65 in den deutschen Singlecharts wird für „Let Love Rain on Me" notiert. Mehr Fans hatte Doro seinerzeit in Spanien: „Llueva En Mí Tu Amor" war ein Top-Ten-Hit und kam auf Platz sieben in den spanischen Musikcharts. Zum großen iberischen Touristenandrang hat aber auch das auf Sooneck nicht geführt.

Wer die Burg besichtigen möchte, muss sich einer der regelmäßigen Führungen anschließen. Dabei lohnt es sich, einen Blick auf die vielen kleinen und großen Gemälde zu werfen, die mit der ein oder anderen Besonderheit aufwarten. In einem Bild ist ein funktionierendes Uhrwerk versteckt, das eine aufgemalte Kirchturmuhr zum Laufen bringt. Eine Darstellung der schweizerischen Frühburg weckt hingegen Erinnerungen an einen wohlbekannten Fantasyfilm: Eine neuseeländische Reisegruppe rief beim Betrachten jedenfalls begeistert: „Peter Jackson, Lord of the Rings!" Unheimlich wird es im Rittersaal, wo ein Bildnis des Preußenkönigs Friedrich Wilhelm IV. dem Betrachter mit den Augen zu folgen scheint. Eine optische Täuschung, die seinerzeit von den Malern eingesetzt wurde, um klar zu zeigen, wer hier das Sagen hat. Auch die Stiefelspitze des Herrschers zeigt immer auf den Betrachter und weist ihm damit seinen Platz in der Hierarchie zu.

Im Innenhof kann man noch mal herrlich die frische Waldluft genießen, den Blick in die Ferne schweifen lassen – und sich über den Krach wundern, der ans Ohr dringt: Er kommt vom benachbarten Steinbruch der Soonecker Hartsteinwerke, der mitnichten, wie manche Besucher vermuten, ein Schandfleck im Welterbegebiet ist. Im Gegenteil: Genau wie die Schlote der Bleihütte an der Marksburg ist der Steinbruch quasi ein Industriedenkmal; und noch immer in Betrieb. Seit 1650 wird an dieser Stelle Gestein aus einem Quarzitrücken gesprengt, der sich vom Hunsrück bis an die Saar erstreckt.

400 Millionen Jahre alt ist das Gestein, von dem täglich bis zu 4000 Tonnen abgebaut werden. Wenn die Maschinen verstummt sind, ist die klaffende Felswunde sogar Lebensraum für eine kleine Mufflonherde. Mit etwas Glück lassen sich die Wildschafe in den Abendstunden beim Kraxeln in den Steilwänden beobachten.

Burg Sooneck
55413 Niederheimbach · 0 67 43/60 64
sooneck@gdke.rlp.de · burgen-rlp.de
Öffnungszeiten: 1. Februar bis 14. März Samstag, Sonntag und an Feiertagen von 10 bis 17 Uhr, 15. März bis 31. Oktober Dienstag bis Sonntag und an Feiertagen von 10 bis 18 Uhr, im November Samstag, Sonntag und an Feiertagen von 10 bis 17 Uhr

Hotspot Lorch: Zwischen Rheingau und Mittelrhein erblüht ein Eldorado der Artenvielfalt

Wer mit Wolfgang Ehmke durch die Lorcher Weinberge wandert, muss Geduld und Zeit mitbringen. Der ehemalige Abteilungsleiter für Naturschutz im hessischen Umweltministerium bleibt nämlich gefühlt alle fünf Meter stehen, um sich nach irgendeiner Pflanze am Wegesrand zu bücken. Auf den unkundigen Begleiter Ehmkes mag die Flora zwischen den Weinreben relativ eintönig wirken. Doch der geschulte Blick des Botanikers erkennt Goldastern, Acker-Wachtelweizen und Färberwaid, auch Hirsch-Haarstrang, Runden Lauch und sogar den seltenen Diptam spürt der Fachmann auf. Hier und da pflückt Ehmke ein Exemplar einer Pflanze ab, sodass er nach einiger Zeit ein hübsches kleines Sträußchen in der Hand hält. Doch selbst diese bunte Auswahl ist nur ein Promille dessen, was hier im Laufe eines Jahres grünt und blüht. Tatsächlich ist die Gegend rund um Lorch eine der artenreichsten Regionen in ganz Deutschland.

„Hotspots" nennen Biologen solche Gebiete, in denen besonders viele Tier- und Pflanzenarten vorkommen. Global gesehen, befinden sich die meisten dieser Hotspots rund um den Äquator, zum Beispiel in tropischen Regenwäldern. Aber auch innerhalb Deutschlands gibt es besonders artenreiche Regionen. Das Mittelrheintal, inklusive der Seitentäler von Nahe und Mosel, ist einer von 30 deutschen, vom Bundesamt für Naturschutz festgelegten Hotspots. In diesem Gebiet nimmt die Lorcher Region zwischen Taunus und Mittelrhein noch mal eine Sonderstellung ein. Untersuchungen von Wolfgang Ehmke gemeinsam mit der Universität Frankfurt haben ergeben, dass hier ein Drittel aller in Deutschland bekannten Pflanzenarten zu finden ist.

Wo viele Pflanzen vorkommen, ist auch die Tierwelt besonders abwechslungsreich. Die Lorcher Gegend ist Heimat Dutzender Schmetterlingsarten, die vom warmen Klima in den Weinbergen profitieren. Arten wie das rot und schwarz gefärbte Trauerwidderchen haben ihren Lebensraum eigentlich in warmen

Mittelmeerländern. Das kühle Wispertal und der namensgebende Bach hingegen sind Heimat vieler Amphibien und Reptilien wie Feuersalamander, Blindschleichen und Erdkröten. In der Wisper schwimmt inzwischen sogar wieder der Lachs und natürlich die Wisperforelle. Eine Forellenzuchtanlage im Flusstal bringt den Fisch als regionale Spezialität in vielen Restaurants der Region auf den Teller.

Begünstigt wird dieser Artenreichtum dadurch, dass in Lorch drei verschiedene Klimazonen aufeinandertreffen. In den hoch gelegenen Taunusregionen und im Wispertal herrscht kühles, nordatlantisches Klima. Meteorologen und die Rheinschiffer kennen den berüchtigten „Wisperwind", der nach kalten Nächten in kräftigen Böen stromaufwärts in Richtung Bingen aus dem Tal weht und den Rhein urplötzlich unter einer dicken Nebeldecke verbergen kann. Im Rheintal selbst ist es deutlich wärmer. Nicht umsonst schwärmen die Menschen vom mediterranen Flair. Am Übergang von Taunus und Mittelrhein wiederum hat man Bedingungen, die eher einer osteuropäischen Steppenlandschaft gleichkommen, erklärt Ehmke. Jede dieser Zonen bringt eine eigene, speziell angepasste Tier- und Pflanzenwelt hervor.

Begünstigt wird der Artenreichtum auch durch den hohen Transitverkehr in der Rhein-Main-Region. Vom Frankfurter Flughafen bringen Reisende „Gastgeschenke" aus allen Teilen der Welt mit in die Region. Auch der Rhein, die verkehrsreichste Wasserstraße Europas, schwemmt stetig neue, teils exotische Arten an den Mittelrhein. Manche von ihnen überdauern nur eine Saison, wie etwa die Wassermelonen, die Wolfgang Ehmke vor einigen Jahren auf einer Insel im Rhein vor der Wispermündung entdeckte. Die Kiesbank war während eines heißen Sommers trockengefallen und entwickelte sich zu einem kleinen, kuriosen Biotop, auf dem neben Melonen auch Tomaten wuchsen.

Solche Sonderfälle der Natur lassen das Herz des Botanikers Ehmke höherschlagen. Begeistert zeigt er nach der Wanderung durch die Weinberge auf dem Smartphone das Foto einer Spitzklette, die er am Schiffsanleger von Lorch entdeckte: „Die ist in Lorch noch nicht nachgewiesen", freut er sich. Über andere „Neophyten" (Neubürger) ist der Botaniker weniger glücklich: Das Indische Springkraut etwa wuchert inzwischen viele Bachläufe zu. Solche Eindringlinge müssen beobachtet und gegebenenfalls sogar bekämpft werden, weil sie sonst einheimische Arten völlig verdrängen können. Seit Mitte der 80er-Jahre beschäftigt sich Ehmke mit Umwelt- und Naturschutz in Hessen. Zunächst gehörte er zwei Jahre lang der ersten Bundestagsfraktion der Grünen Partei an, deren Gründungsmitglied er ist. Dann verschlug es ihn nach Hessen. An der Seite eines gewissen Joschka Fischer wechselte er ins hessische Umweltministerium, wo er die Abteilung Naturschutz übernahm, die er bis zu seinem Ruhestand leiten sollte. Heute will er vor allem die Menschen am Mittelrhein für die besondere Tier- und Pflanzenwelt ihrer Heimat sensibilisieren. Gemeinsam mit anderen Experten veröffentlichte er ein Buch über die Tier- und Pflanzenwelt der Region („Zwischen Mittelrhein und Taunus – Naturschätze in Lorch am Rhein"), leitet Führungen für interessierte Bürger und Touristen und gibt sein Wissen an die örtlichen Winzer weiter.

„Ohne Weinbau geht die Artenvielfalt verloren", sagt auch Gilbert Laquai vom Weingut Laquai, das er gemeinsam mit seinem Bruder Gundolf führt. Seit den 1980er-Jahren betreiben sie in Lorch Weinbau im Einklang mit der Natur. Dazu gehört zum Beispiel der Verzicht auf Insektizide. Stattdessen setzen die Laquais auf eine gesunde Weinbergsflora und -fauna, in der sich Spinnen oder Schlupfwespen wohlfühlen; Nützlinge, die sich um ungebetene Gäste im Weinberg kümmern. Möglich ist das nur, wenn man der Natur Raum gibt, nicht mit Monokulturen arbeitet – und bereit ist, wie die Laquais mit geringeren Erträgen zu arbeiten. Auch die quer zum Hang gelegten Terrassen, ähnlich wie im Oelsberg von Oberwesel, finden bei Naturschützer Ehmke Anklang: „Die sind gut gegen Erosion und bieten wegen der selbstbegrünten Erdterrassen Lebensraum für die Tier- und Pflanzenwelt."

In anderen Fällen können die Winzer ganz konkret helfen, Lebensraum für seltene Tierarten zu schaffen. Zum Beispiel für die Zippammer, eine „ornithologische Kostbarkeit", wie ein Vogelexperte im Buch von Wolfgang Ehmke schreibt. Die offenen Steillagen am Mittelrhein sind der ideale Lebensraum für den kleinen, bräunlichen Singvogel. Einfach gesagt: ohne Steillagenweinbau keine Zippammer. In Lorch haben die Laquais nun gezielt eine 1500 Quadratmeter große Fläche rekultiviert, um Lebensraum für die Zippammer zu schaffen. Bestockt wurde der Hang mit einem seltenen, erst vor ein paar Jahren wiederentdeckten Riesling-Klon. „Da gehen wir nicht auf Menge, sondern voll auf Qualität", freut sich Gilbert Laquai schon jetzt auf die erste Lese der besonderen Trauben im Jahr 2020.

Aber es ist nicht nur Lorch, wo Winzer zum Erhalt seltener Arten beitragen. In Bacharach schenkte Winzer Friedrich Bastian einem Schmetterling eine neue Heimat. Der Fetthennen-Bläuling, im Volksmund Orion genannt, steht als stark gefährdete Art auf der Roten Liste. Sein Überleben hängt am Vorkommen der Fetthenne, einer Pflanze, die die Hauptnahrungsquelle für die Raupen des Schmetterlings ist. Vor einigen Jahren entdeckte Friedrich Bastian diesen Schmetterling bei der Rekultivierung eines Weinbergs und schuf ein natürliches Umfeld, in dem Fetthenne und Weinreben friedlich nebeneinander leben können. Den Wein aus dieser Lage bekommt man passenderweise unter dem Namen „Orion"; ein kleiner blauer Schmetterling ziert das Etikett. Es sind Anstrengungen wie diese, die auch Wolfgang Ehmke immer wieder zeigen, dass es sich lohnt, sich für die Artenvielfalt am Mittelrhein einzusetzen.

Forellenzucht Wispertal
Anlage 1 · Im Wispertal 2 · 65391 Lorch · 06775/960032
Öffnungszeiten: täglich außer montags von 11 bis 17 Uhr
Anlage 2 · Schwalbacher Straße 74 · 65391 Lorch · 06726586
Öffnungszeiten: Montag bis Freitag von 9 bis 13 Uhr
und von 14.30 bis 17 Uhr sowie Samstag von 9 bis 13 Uhr.
Von November bis Ende März ist diese Anlage samstags geschlossen.
info@wisperforelle.de · wisperforelle.de

Weinwirtschaft Laquai
Schwalbacher Straße 20 · 65391 Lorch
Weinwirtschaft: 06726/839213 · Weingut: 06726/830838
kontakt@weinwirtschaft-laquai.de · weingut-laquai.de
Öffnungszeiten: Ab April Mittwoch bis Freitag ab 17 Uhr, Samstag,
Sonntag und an Feiertagen ab 15 Uhr, Montag und Dienstag
geschlossen. Im November und Dezember Freitag und Samstag
ab 17 Uhr und Sonntag ab 15 Uhr geöffnet.

Weingut Friedrich Bastian
Koblenzer Straße 1/Ecke Rosenstraße · 55422 Bacharach · 06743/9378530
info@weingut-bastian-bacharach.de · weingut-bastian-bacharach.de
Öffnungszeiten Vinothek: täglich von 11 bis 18 Uhr

„Zwischen Mittelrhein und Taunus – Naturschätze in Lorch am Rhein"
erhältlich beim Nassauischen Verein für Naturkunde (Hrsg.)
naturkunde-online.de

„Sie war seine Bühne":
Wie Markus Hechers Vater zur Burg Rheinstein kam

Ein Opernsänger, ein verrückter Engländer und Bettelmönche: Die jüngere Geschichte von Burg Rheinstein zeigt, dass in den alten Mauern selbst nach fast 1000 Jahren noch Platz für aufregende Begebenheiten ist. Die Geschichte, wie die Familie von Burgherr Markus Hecher in den Besitz der Rheinstein bei Trechtingshausen kam, ist wahrhaft abenteuerlich. Inzwischen muss Burgherr Markus Hecher sie auch seinen Besuchern öfter erzählen als die eigentliche Historie der Burg.

Stromaufwärts

Doch auch die muss man kennen. Begonnen hat alles mit der Rheinromantik. Und die hat angefangen auf Burg Rheinstein. 1823 erwarb der Preußenprinz Friedrich Wilhelm Luwdig, ein Cousin des späteren Königs Friedrich IV., die Festung und benannte sie erst mal von „Vautsberg" in „Rheinstein" um. Anschließend beauftragte er den Koblenzer Bauinspektor Claudius von Lassaulx damit, die mittelalterliche Ruine als Schloss neu zu planen. Damit war Burg Rheinstein die erste Burg am Mittelrhein, die einer preußischen Generalüberholung unterzogen wurde. Der Grundstein für die Rheinromantik war gelegt.

In den folgenden Jahren sicherten sich die preußischen Herrscher viele weitere Bauwerke am Rhein, darunter die Burg Sooneck, die Festung Ehrenbreitstein oder Schloss Stolzenfels. Während einige dieser Burgen im Laufe der Jahrzehnte noch häufiger den Besitzer wechselten, blieb Burg Rheinstein bis in die 1970er-Jahre im Besitz der Nachfahren der Hohenzollernfamilie. Barbara Irene Prinzessin von Preußen, Herzogin von Mecklenburg war es, die 1973 beschloss, das alte Anwesen zu verkaufen. Längst lebte dort niemand mehr, die Burg drohte zu verfallen.

Als erster Kaufinteressent trat ein Engländer auf den Plan. Er überzeugte die Herzogin, schon mal in die Burg einziehen zu dürfen, bis er das nötige Geld für den Kauf aufgetrieben hätte. Was Prinzessin Barbara Irene nicht ahnte: Die Pläne des Engländers sahen unter anderem vor, das Inventar der Burg zu Geld zu machen. Am tatsächlichen Erwerb der Burg hatte der Mann wohl nie Interesse. Nachdem der Betrüger ein halbes Jahr in der Burg „gehaust" hatte, wie Markus Hecher heute sagt, verschwand er wieder von der Bildfläche. Die Umtriebe des Briten hatten den Wert der Burg nun nicht unbedingt in die Höhe getrieben. Nicht einmal das Land Rheinland-Pfalz zeigte Interesse, die Burg zu kaufen, die zu einem finanziellen Fass ohne Boden geworden war. Als aussichtsreichster Interessent blieb eine Gruppe von Mönchen der Hare-Krishna-Bewegung, die damals als sektenähnliche Gruppierung galt. Was auch immer die Mönche mit der Burg vorhatten, auf diese Nachbarn hatten die Anwohner der Burg wenig Lust. Und Hermann Hecher hatte seinen Auftritt. Der Opernsänger lebte mit seiner Familie damals nur eine Burg weiter, auf der Reichenstein. Die hatte die Familie gepachtet. Nun bot sich die Chance, eine Burg tatsächlich zu besitzen. Trotz des schlechten Zustands der Burg griff Hecher zu. Für 360 000 D-Mark erwarb er Burg Rheinstein. Für den damals 16-jährigen Markus Hecher war das ein Schock. Die gut ausgebaute und leicht zugängliche Burg Reichenstein war seine Kinderstube gewesen. Nun zog die Familie auf ein nach eigenem Bekunden „heruntergekommenes Anwesen", zu dem man ausschließlich über einen schmalen und steilen Fußweg hinaufklettern konnte. Auch seinem Vater dämmerte langsam, was er sich da angetan hatte.

Die Burg war verwohnt, ein Großteil des Inventars verhökert, die Substanz katastrophal. Die bleihaltigen Wasserleitungen stammten noch aus dem 19. Jahrhundert. Statt eines Anschlusses an die Kanalisation gab es nur eine Sickergrube. So viel zum Einerseits. Andererseits: „Die Burg Rheinstein war seine Bühne", sagt Markus Hecher heute über seinen Vater. Schritt für Schritt restaurierte er das marode Bauwerk, machte es wieder für Besucher zugänglich, eröffnete eine Gastronomie. Seine Kontakte als Opernsänger nutzend, startete Hermann Hecher Veranstaltungen und Konzertreihen auf der Burg. Und so langsam, aber sicher merkten die Menschen in der Region: „Auf Burg Rheinstein passiert wieder was."

Markus Hecher selbst brauchte erst einmal etwas Abstand. Nach Ausbildung und Studium zum Hotelbetriebswirt kehrte er mit 21 zurück zur Burg und übernahm schließlich die Geschäfte vom Vater. Und Burg Rheinstein ist ein Familienunternehmen geblieben. Hechers Frau Cornelia leitet den Souvenirshop, wo es neben allerlei Regionalia und Ritter- und Prinzessinnenausstattung fürs Kinderzimmer auch ein paar besondere Rheinstein-Andenken gibt. Etwa den Wein vom zur Burg gehörenden Weinberg, der südlichsten Lage des Mittelrheins, wie Markus Hecher betont. Ebenfalls zu empfehlen ist die selbst gemachte Kiwi-Marmelade von der Burg. Die Südfrüchte gedeihen am warmen Mittelrhein nämlich ganz prächtig. Das weitere kulinarische Angebot auf Burg Rheinstein liegt in den Händen der dritten Generation: Im „Kleinen Weinprinz" haben Marko Hecher und dessen Frau Cora das Sagen.

Rund 40 000 Besucher kommen Jahr für Jahr auf die Rheinstein, die auch zwei Übernachtungsmöglichkeiten bietet. Die freilich sind in der Regel auf Monate ausgebucht. Einen Aufenthalt muss man also rechtzeitig planen. Wer die Burg besuchen möchte, kommt am besten mit dem Schiff, empfiehlt Markus Hecher. Parkplätze gibt es nämlich nicht so viele an der Rheinstein. Sowohl die Rössler-Linie als auch die Bingen-Rüdesheimer legen direkt unterhalb der Burg an. Vom Anleger sind es etwa 400 Meter Fußweg und 45 Höhenmeter bis zum Burgtor. Die kann man natürlich auf eigene Faust erkunden. Oder man schließt sich einer der angebotenen Führungen an und lässt sich die bewegte Geschichte der Burg von Markus Hecher erzählen.

Burg Rheinstein
55413 Trechtingshausen · 0 67 21/63 48
info@burg-rheinstein.de · burg-rheinstein.de
Öffnungszeiten: Ende März bis Anfang November
täglich von 9.30 bis 18 Uhr (letzter Einlass 17.30 Uhr)

Restaurant „Kleiner Weinprinz"
55413 Trechtingshausen · 0 67 21/63 77
info@kleiner-weinprinz.de · kleiner-weinprinz.de
Öffnungszeiten: Mittwoch bis Sonntag von 11.30 bis 17.30 Uhr

Wein vom Bahnhof, Bikertreff, das beste Steak: Meine Tipps von Kaub bis Burg Rheinstein

Wein

Bacharach, Kaub und Lorch sind alles Orte mit langer Weinbautradition. Hier ist nur eine kleine Auswahl von Weingütern, die mir persönlich gut gefallen.

Weingut & Brennerei Hillesheim
Wolfgang Hillesheim
Blücherstraße 55b · 56349 Kaub · 06774/91 91 00
weingut.hillesheim@t-online.de · weingut-hillesheim.de

Wolfgang und Silke Hillesheim machen Steillagen-Weinbau aus Leidenschaft. „Verbringen Sie mal einen Tag bei der Arbeit im Weinberg. Das erdet", hat Silke Hillesheim mal zu mir gesagt. Bodenständigkeit ist ein Markenzeichen des Weinguts, Innovation das andere: Wolfgang Hillesheim arbeitet am Weininstitut in Geisenheim, unter anderem um die Folgen des Klimawandels für die Winzer zu erforschen. Weswegen man neben dem klassischen Riesling bei Hillesheim auch ungewöhnliche Rebsorten bekommt wie die Schweizer Petite Arvine.

Weingut Peter Bahles
Bahnstraße 10 · 56349 Kaub · 06774/258
info@weingut-bahles.de · weingut-bahles.de

Wer mit dem Zug nach Kaub kommt, kann den ersten Boxenstopp direkt bei Peter Bahles machen. Er hat seine Vinothek im Bahnhof von Kaub und bewahrt ihn mit dieser absolut sinnvollen Nutzung vor dem traurigen Schicksal, das viele andere verlassene Bahnhöfe am Mittelrhein ereilt hat. Direkt gegenüber der Vinothek sind der Gutsausschank und das Hotel des Weinguts.

Weingut Ratzenberger
Blücherstraße 167 · 55422 Bacharach · 06743/1337
weingut-ratzenberger@t-online.de · weingut-ratzenberger.de

Anfang 2017 sorgte Jochen Ratzenberger für Aufsehen, als er mal eben so satte zehn Hektar Steillage am Rheindiebacher Fürstenberg erwarb. Das war mal ein starkes Signal in die Region, in der oft über den Rückgang der Rebflächen lamentiert wird. Ratzenberger investiert und ist jetzt einer der Winzer mit der größten Anbaufläche am Mittelrhein. Gleichzeitig steht das Bacharacher Weingut seit vielen Jahren für hohe Qualität.

Weingut Eisenbach-Korn
Kirchstraße 23 · 55413 Oberheimbach · 06743/6081
weingut@eisenbach-korn.de · eisenbach-korn.de

Mit einer mehr als 400-jährigen Geschichte ist das Weingut Korn einer der traditionsreichen Betriebe am Mittelrhein. Durch eine Fusion mit dem Weingut Eisenbach entstand der Name Eisenbach-Korn. Heute führt Tobias Korn das Weingut zusammen mit seiner Familie. Das jährliche Hoffest im Sommer ist nicht nur für das Weingut der Höhepunkt im Jahr. Es hat einen festen Platz im Veranstaltungskalender von Oberheimbach und ist immer gut besucht

Stromaufwärts

Weingut Fendel
Rheinstraße 79 · 55143 Niederheimbach · 0 67 43/68 29
weingut-fendel@aol.com · weingut-fendel.de

Jens Fendel ist neben dem Weingut Toni Jost einer der wenigen Winzer, der sowohl Lagen am Mittelrhein als auch im Rheingau bewirtschaftet. Das bringt viel Arbeit für den Winzer und Abwechslung für den Kunden. Ob der Hausherr in der kleinen Weinstube anwesend ist, erkennt man übrigens leicht. Der riesige, allradgetriebene Mercedes des Winzers ist schließlich nicht zu übersehen.

Essen

Hell und luftig: Bistro Kaub-Mitte
Marktstraße 5 · 56349 Kaub · 0 67 74/91 86 18 · info@kaub-mitte.de

Bistros wie „Kaub-Mitte" wünscht man sich noch viel mehr am Mittelrhein. Direkt am Marktplatz in Kaub gelegen, kommt hier richtiges „Piazza-Gefühl" auf. Und endlich, endlich hat man mal ein Lokal, das sich vom typischen Weinstuben-Ambiente abhebt. Statt auf dunkles Holz und schwere Kelleroptik setzen Pia Peter Richarz auf helle Farben, luftige Einrichtung und schlichte Dekoration. Was für ein Labsal! Die Küche mischt Regionaltypisches wie Flammkuchen mit mediterranen, tapas-ähnlichen Gerichten, zum Beispiel Feta mit Oliven.

Bikerkult: Benno's Truck-Stop
Bundesstraße 42 · 56349 Kaub am Rhein · 06774/1711
webmaster@bennos-truck-stop.de · bennos-truck-stop.de

Benno ist Kult! Seit 1987 ist der Laden von Benno Rischen die erste Adresse am Mittelrhein für alle, die mit schwerem Gerät unterwegs sind. Biker aus aller Welt fahren an den Mittelrhein, um bei Benno standesgemäß deftig zu speisen. Achtung: Hier kann es schon mal laut werden!

Restaurant und Hotel Zum Turm
Zollstraße 50 · 56349 Kaub · 06774/92200
info@rhein-hotel-turm.de · rhein-hotel-turm.de

Stromaufwärts

Der namensgebende „Turm" ist ein alter Wachturm der Stadt aus dem 13. Jahrhundert. Ansonsten ist der Turm aber sehr zeitgemäß. Harald Kutsche kocht abwechslungs- und einfallsreich ohne zu viel Chichi auf dem Teller und ist eine gute Adresse für alle, die sich mal was gönnen möchten.

Kurpfälzische Münze
Oberstraße 72/74 · 55422 Bacharach · 06743/9090731
kontakt@muenze-bacharach.de · muenze-bacharach.de

Auf den ersten Blick sieht die „Münze" wenig einladend aus, mit der mit dunklem Holz vertäfelten Stube, in die die kleinen Fenster kaum Licht lassen wollen. Auch die Speisekarte ist einfach und ohne große Überraschungen. Doch der Eindruck täuscht: Es herrscht oft munteres und reges Treiben im Lokal von Heike Suhr. Und ihre Pizzen halten mit jedem italienischen Restaurant mit. Der Name kommt übrigens von einer alten Münzpräge-Werkstatt, die hier bis ins 16. Jahrhundert ihren Sitz hatte.

Café Böhler
Hauptstraße 47 · 55413 Oberheimbach · 0 67 43/60 36

Das Café von Bäcker, Winzer und Restaurantchef Willi Böhler in Oberheimbach sieht von außen ganz unscheinbar aus. Doch die Einheimischen schwören zu Recht auf Böhlers Kochkünste. Wer im Ort fragt, wohin man denn zum Essen gehen kann, bekommt stets die Antwort: „Geh zum Böhler. Da gibt es die besten Steaks vom Mittelrhein!" Und sie haben recht: Saftige 180 Gramm Fleisch auf den Punkt gegart. So muss das!

Übernachten

Rheinsteig-Jugendherberge
Betriebsleitung Susanne Reimann-Tavera
Zollstraße 46 · 56349 Kaub · 0 67 74/9 18 18 90
kaub@diejugendherbergen.de

Die erst vor wenigen Jahren renovierte Kauber Jugendherberge räumt auf mit allen Klischees, die manche noch mit Jugendherbergen verbinden. Die moderne, verwinkelte Architektur schmiegt sich geradezu an das Gelände an. Der Komfort in den Zimmern ist hervorragend. Und das Frühstück auf der Terrasse mit Blick auf Burg Pfalzgrafenstein ist sowieso eine Klasse für sich. Genauso wie der raue Charme, der am Empfang vorherrscht.

Mehr retro geht nicht: Das Schifferhaus
Historisches Schifferhaus am Markt · 56349 Kaub
Buchung bei airbnb.de

„Als würde man in einem Museum übernachten", „Eine Umgebung wie im Film", „Dirks Haus ist einfach nur cool". Das sind nur ein paar der Rezensionen, in denen sich Airbnb-Nutzer vor Begeisterung überschlagen, nachdem sie im Schifferhaus von Dirk Melzer übernachtet haben. Und zu Recht: Die liebevolle Einrichtung vermischt Moderne, 50er-Jahre und Landhausstil, es gibt keine Ecke, in der es nichts zu entdecken gibt. Dazu versorgt der Gastgeber seine Besucher mit einer Fülle an Info-Material zu möglichen Ausflugszielen und Freizeitmöglichkeiten.

Ferienwohnung Kachel
Blücherstraße 148a · 55422 Bacharach-Steeg
0 67 43/9 30 41 · 01 76/83 13 04 74
info@fewo-kachel.de · fewo-kachel.de

Vergesst Gault-Millau und Schlemmerguide: Wer bei Ingrid und Helmut Kachel unterkommt, erhält zur Begrüßung ihre „Kachel-Liste". Es ist eine handverlesene Auswahl lohnenswerter Ziele, Gastronomie und Winzer am Mittelrhein, von den Kachels persönlich immer auf dem neuesten Stand gehalten. Die Liste ist nur ein Beispiel von vielen, wie sehr sich die Kachels um ihre Gäste bemühen. Zum Service gehört zum Beispiel auch ein Hol- und Bringservice, wenn es sein muss auch zum Flughafen Hahn. Auch nicht selbstverständlich am Mittelrhein: Bei Kachels wird Englisch und Niederländisch gesprochen.

Wandern

Schellengang
Start: Fürstenberghalle Oberdiebach
rheinburgenweg.de

Eine schöne Rundtour des Rheinburgenwegs ist der Premiumwanderweg Schellengang, der in Oberdiebach beginnt. Über elf Kilometer führt er durch Seitentäler des Rheins und über die Höhenzüge zwischen Oberdiebach und dem Heimbachtal wieder zurück. Eine Weidefläche für halbwild gehaltene Pferde, viele tolle Aussichtspunkte wie der Fürstenbergblick und ein abwechslungsreiches Gelände machen diese Tour sehr abwechslungsreich und lohnenswert.

An der Pforte zum Welterbe: Bingen und Rüdesheim

Vor den Toren des Mittelrheins im Süden liegen die Städte Bingen und Rüdesheim. Zwischen ihnen verläuft durch den Rhein die Landesgrenze zwischen den Bundesländern Rheinland-Pfalz und Hessen. Streng genommen liegen weder Rüdesheim noch Bingen im Mittelrheintal (siehe Kapitel „Was ist eigentlich der Mittelrhein – und wenn ja, wie viele?"). Gleichwohl zählen beide Orte zur Unesco-Weltkulturerberegion. Und wenn die Bundesgartenschau in Koblenz die Blaupause für die Entwicklung des Mittelrheintals liefert, ist Bingen der Prototyp. 2008 fand hier am Rheinufer eine Landesgartenschau statt, deren positive Auswirkungen bis heute spürbar sind. Die damals runderneuerte, drei Kilometer lange Uferpromenade reicht jedenfalls für sich schon aus, um Reisende mindestens einen ganzen Tag zu beschäftigen. Beginnend beim Industriekran am östlichen Ende des Geländes, zieht sich das „Kulturufer" bis hin zur Spitze der Mäuseturminsel. Unterwegs passiert man mehrere sehenswerte Gartenanlagen, das Lotsenhaus (siehe Kapitel zu den Lotsen) und das Rhein-Nahe-Eck. Von dem Aussichtspunkt hat man einen herrlichen Ausblick in Richtung Welterbetal, das hier spektakulär seine Pforten zwischen Hunsrück und Taunus öffnet. Im Sommer sorgen hier Musiker aus aller Welt dafür, dass „Bingen swingt".

Direkt neben dem historischen alten Kran, der an die Bedeutung von Bingen als Handelsstadt am Rhein erinnert, liegt das Restaurant Zollamt. Aber vorsicht beim Besuch mit Kindern: Es könnte sein, dass die beim Anblick der vielen kreativen Süßigkeitenkreationen (Krümelmonster-Cakepops!) nicht gehen wollen, bevor nicht der ganze Laden leer gefuttert ist. Auch die Vinothek am Rheinufer ist einen Besuch wert: Immerhin treffen in Bingen vier Weinanbaugebiete aufeinander: Mittelrhein, Rheingau, Rheinhessen und Nahe. Rund 600 Hektar Wein werden im Raum Bingen bewirtschaftet, das sind fast 150 Hektar mehr als am ganzen Mittelrhein. Kein Wunder also, dass man in der Vinothek ein sehr breites Angebot an ganz unterschiedlichen Weinen vorfindet. Übrigens: Bingen gilt als Heimat des Eisweins, an dessen Erfindung ein kleines Denkmal nahe der Vinothek erinnert.

Den Abschluss des Kulturufers bildet auf der anderen Seite der Nahemündung der Park am Mäuseturm. Dort können sich Kinder nach Herzenslust auf dem großen Wasserspielplatz austoben. Größere Kinder und Jugendliche dürfen es auf der 900 Quadratmeter großen Skateranlage krachen lassen. Fußball- und Beachvolleyballfelder runden das große Sport- und Bewegungsangebot ab. Etwas Vergleichbares findet man am Mittelrhein sonst nicht, wo die Angebote für Familien ansonsten eher übersichtlich ausfallen. Burgen, Museen und Schifffahrten auf dem Rhein sind natürlich spannend. Aber ab und zu wollen Kinder auch einfach mal nur nach Herzenslust spielen, rennen und draußen sein. Der Park am Mäuseturm ist dafür genau der richtige Ort, übrigens auch für kleine Forscher. Die Ausstellung im Stellwerk zeigt die Entwicklung von Natur, Mensch und Technik am Binger Loch auf sehr anschauliche Weise. Ebenfalls sehr schön für Familien: Eine Tour durch den Binger Wald. Auf dem

Stromaufwärts

Erlebnispfad erfahren Kinder, was es mit kopfstehenden Wurzeln auf sich hat und wie man mit Bäumen Musik macht. Ambitioniertere Wanderer finden rund um Bingen ein breites Netz an Wanderwegen. Nicht zuletzt nimmt hier der 200 Kilometer lange Rheinburgenweg seinen Anfang.

Zollamt
Hafenstraße 3 · 55411 Bingen am Rhein · 06721/1869666
info@zollamtbingen.de · zollamtbingen.de
Öffnungszeiten: Montag bis Freitag von 11 bis 23 Uhr,
Samstag, Sonntag und an Feiertagen von 10 bis 23 Uhr

Vinothek
Hindenburganlage 2 · 55411 Bingen am Rhein · 06721/3098992
service@weinzeit-bingen.de · vinothek-bingen.de
Öffnungszeiten: Mai bis September von Dienstag bis Sonntag
ab 11 Uhr, Oktober bis April von Mittwoch bis Freitag ab 16 Uhr,
am Wochenende ab 11 Uhr

Stellwerk im Park am Mäuseturm
55411 Bingen am Rhein · 06721/184135
umwelt@bingen.de · stellwerk-bingen.de
Öffnungszeiten: Dienstag bis Sonntag von 11 bis 17 Uhr,
Parkanlage offen bis zum Einbruch der Dunkelheit

Bingen swingt
bingen.de/tourismus · Jedes Jahr im Sommer in Bingen.

Erlebnispfad Binger Wald
55411 Bingen am Rhein · 06721/184135 · umwelt@bingen.de
Führungen ab mindestens zehn Personen.

175

Stromaufwärts

Topmanagerin im 12. Jahrhundert: Über Mythos und Fakten im Leben der Hildegard von Bingen

Jeder Tag beginnt mit Hildegard. Jeden Morgen gibt es für die Gäste im Hotel des Hildegard-Forums in Bingen „Habermus". Das ist ein gekochter Dinkelbrei, verfeinert mit Äpfeln, Mandeln und, ganz wichtig, Zimt. Der soll nämlich ein Frohmacher sein. So schrieb es vor 900 Jahren Hildegard von Bingen. Nun, das Habermus verfehlt seine Wirkung nicht: Zwei Männer in Arbeitskleidung – sie werden vom Hotel aus auf Montage gehen – staunen mit ostdeutschem Akzent, als sie die hübsch in Einmachgläsern angerichtete Speise serviert bekommen: „Mann, das ist ja schickimicki hier!"

Der einfache Dinkelbrei ist ein gutes Beispiel dafür, wie im Hildegard-Forum versucht wird, die Überlieferungen Hildegard von Bingens mit dem Zeitgeist zu vermählen. Im April 2015 eröffnete das Hotel auf dem Rochusberg. Als Stätte für Veranstaltungen, von Hochzeiten bis hin zu Firmentagungen, existiert das Hildegard-Forum bereits seit vielen Jahren. Ursprünglich gehörte die ganze Anlage, die auch ein Seniorenheim und ein Kinder- und Jugendheim umfasst, dem Orden der Kreuzschwestern. Ins Leben gerufen wurde der Orden 1848 in Straßburg von Adèle von Glaubitz, um junge Mädchen, die ohne Eltern aufwachsen müssen, „von der Straße zu holen", wie man heute sagen würde. Der Dienst an den Armen und Schwachen der Gesellschaft steht bis heute im Zentrum des Ordens.

Der Schwerpunkt hat sich allerdings in andere Regionen der Welt verlagert, insbesondere nach Afrika. In Bingen gibt es keinen Nachwuchs für die Ordensschwestern. Altersbedingt übergaben die Nonnen den Betrieb des Hildegard-Forums darum an eine Trägergesellschaft. Das neue Hotel erweiterte das Angebot der Stätte nun um eine weitere Facette. Die 13 Zimmer des Hotels wurden im Obergeschoss des Seniorenheims eingerichtet. Dem Komfort tut das aber keinen Abbruch, im Gegenteil: Es trägt zur ruhigen, zurückgezogenen Atmosphäre des Hauses bei.

Dessen ungewöhnliches Konzept hat sich bereits herumgesprochen. Trotz der relativ kurzen Betriebsdauer gibt es bereits Stammgäste, die mehrmals im Jahr kommen, um sich auf den Rochusberg zurückziehen zu können, ganz im Geiste der Hildegard von Bingen, die stets „discretio", also „Maßhalten" predigte. Damit liegt die Geistliche, in der Kirchenlehre vor allem für ihre intensiven Visionen bekannt, voll im Trend. Entschleunigung und Stressabbau im modernen, hektischen Alltag sind gefragt. Im Hildegard-Forum versucht man, genau das anzubieten.

Wie dieses Angebot aussieht, merkt man auch in der Hotel- und Restaurantküche. Die Küchenchefs versuchen täglich, dem Essen eine besondere „Hildegard-Note" zu verleihen. Ein Fischgericht wird zum Beispiel mit einer Prise Galgant abgeschmeckt, ein typisches Hildegard-Gewürz. Die zu Pulver gemahlene Wurzel erinnert mit ihrer Schärfe ein wenig an Ingwer und soll die Verdauung anregen. Wie die meisten Hildegard-Gewürze ist es in der allgemeinen Küche nahezu unbekannt, wo mit Klassikern wie Rosmarin, Thymian oder Majoran gearbeitet wird. Weitere ungewöhnliche Pflanzen der Hildegard'schen Lehre kommen aus dem hauseigenen Kräutergarten, wo Ysop, Bertram oder Poleiminze wachsen.

Einen solchen Kräutergarten gibt es auch im Museum am Strom am Kulturufer von Bingen, augenzwinkernd als „Hildegarten" betitelt. Die dort gezeigte

Ausstellung zu Hildegard von Bingen ist bemüht, historische Fakten von den vielen Legenden rund um Hildegard zu trennen. Museumsleiter und Historiker Matthias Schmandt nennt ein Beispiel: Bis heute wird erzählt, dass Hildegard auf der anderen Rheinseite in Eibingen bei Rüdesheim ein zweites Kloster gegründet und geleitet haben soll. Aktuelle Nachforschungen zeigen, dass diese Behauptung historisch nicht haltbar ist. Trotzdem findet sie sich nach wie vor in vielen aktuellen Veröffentlichungen.

Auch dass Hildegards Einflüsse nun ausgerechnet in der modernen Küche Einzug halten, ist ein Phänomen des Zeitgeists. Zwar liegen auf einem Büchertisch im Foyer des Hildegard-Forums neben Ratgebern und Sammlungen mit Hildegard-Zitaten etliche Kochbücher aus, die sich auf die Ordensfrau berufen. Doch obwohl Hildegards Werk äußerst umfassend und vielschichtig ist: Kochrezepte sind von der aus adligem Haus stammenden Nonne, die Vorsteherin ihres eigenen Klosters war, nicht überliefert. Selbst ihre naturkundlichen Schriften, die Grundlage für die Rezeptbücher, sind im Gegensatz zu ihren theologischen Werken nicht im Original erhalten, sondern stammen aus zweiter Hand. Ein Titel wie „Hildegards Sommerküche", der „inspiriert von ihren Hinweisen und Ideen sommerlich-leichte Gerichte" enthält, hat mit den Essgewohnheiten zu Hildegards Zeiten vermutlich wenig zu tun.

Die erfolgreiche Vermarktung der Hildegard von Bingen, die zur Symbolfigur für einen nachhaltigen und bewussten Lebenswandel wurde, sieht der Historiker Matthias Schmandt mit gemischten Gefühlen: „Hildegard war eine Universalbegabung", sagt er. Dass sie ein für ihre Zeit großes Wissen über die Wirkung bestimmter Pflanzen und den menschlichen Körper hatte, ist unbestritten. Aber war sie wirklich ihrer Zeit voraus, als sie schon vor 900 Jahren das heutige Trend-Getreide Dinkel dem heute oft geschmähten Weizen vorzog? Matthias Schmandt relativiert: „Die Menschen kannten damals ja nichts anderes als Dinkel." Möglicherweise dienten Hildegards Lobpreisungen des Dinkels einem anderen Zweck. Den Menschen sollte eine karge und einseitige Ernährung schmackhaft gemacht werden, deren zentraler Bestandteil ein schleimiger, fad schmeckender Getreidebrei war, der vermutlich wenig mit der süß duftenden Köstlichkeit zu tun hatte, die im Hildegard-Forum auf dem Frühstückstisch landet.

Auch Hildegards strikte Ablehnung von Rohkost war im Jahr 1142 sehr sinnvoll und ein Beweis für ihre Fähigkeit, Dinge zu beobachten und die richtigen Schlüsse daraus zu ziehen. Wer im Mittelalter ungekochte Speisen verzehrte, hatte gute Chancen, sehr krank zu werden. Nur war das nicht das Werk des Teufels, sondern den vorherrschenden hygienischen Bedingungen geschuldet. Medizin im Mittelalter, das war immer auch ein wenig Glaubenssache. Aus heutiger Sicht gibt es keinen Grund mehr, auf vitaminreiche, gesunde Kost zu verzichten.

So dogmatisch sind sie im Hildegard-Forum nicht, wo zum täglichen Mittagsbuffet auch Salate aufgetischt werden. Schließlich geht es im Hotel nicht um Askese. Die Gäste sollen sich wohlfühlen und vor allem Ruhe und Entspannung vorfinden. Dinge, welche die zu ihren Lebzeiten äußerst aktive Ordensfrau selbst vermutlich selten genießen konnte. Ihr Lebenswerk ist gewaltig und spricht dafür, dass sie viele Anstrengungen auf sich nahm, um ihre Mission zu erfüllen. Auf dem Binger Rupertsberg ließ sie, gegen Widerstände, ihr eigenes Kloster bauen und führte es anschließend viele Jahrzehnte. Dazu kam ein starkes Sendungsbewusstsein: Von der Kirchengelehrten und Visionärin sind Tausende Seiten komplexe, theologische Schriften überliefert, in denen sie ihre Weltsicht hinterließ. Hildegard sah sich selbst als von Gott dazu berufen, die Menschen ihrer Zeit zurück zu einem tugendhaften Leben zu führen.

Auch musikalisch war Hildegard begabt. Sie komponierte 77 Gesänge und ein geistliches Singspiel. Von keinem anderen Komponisten des Hochmittelalters sind mehr Werke bis heute überliefert. Wie sehr sie sich berufen sah, mit ihrem Handeln weltliche Geschicke zu beeinflussen, sieht man auch daran, dass sie intensiv mit den Mächtigen ihrer Zeit korrespondierte. Es sind Briefwechsel mit Kaiser Friedrich Barbarossa, den Erzbischöfen von Mainz, Köln und Trier oder dem britischen Königspaar überliefert. „Sie war eine ausgezeichnete Managerin ihrer selbst", sagt Matthias Schmandt. Der moderne Begriff für die Frau aus dem Mittelalter macht deutlich: Hildegard führte ein stressiges Leben. Es gibt sogar Forscher, die annehmen, dass die von Hildegard beschriebenen Visionen Folgen eines starken Migräneleidens waren. Dem Andenken an die große Frauenfigur gerecht zu werden, ist für Bingen nicht einfach. Die Historie hat es nicht gut gemeint mit ihrer alten Wirkungsstätte. Ihr Kloster auf dem Rupertsberg überstand den 30-jährigen Krieg nicht und wurde dem Erdboden gleichgemacht. Spätestens mit dem Bau der Eisenbahnlinie an dieser Stelle im 19. Jahrhundert wurden buchstäblich die letzten Hoffnungen begraben, dass zumindest Überreste des Klosters für die Nachwelt bewahrt werden könnten.

Wer heute auf den Rupertsberg kommt, kann bestenfalls erahnen, an welch historisch bedeutsamer Stätte er sich befindet. Ein Nagel- und Sonnenstudio sowie eine Muckibude sind die profane Kulisse an Hildegards alter Wirkungsstätte, die heute vor allem ein großer Parkplatz ist. Immerhin: Im Rupertsberger Gewölbe bekommt man eine Ahnung von der Bedeutung Hildegards. Der Keller stammt zwar nicht aus der Zeit selbst, ist aber auf dem Grundriss des alten Klosters erbaut worden. Die Rupertsberger Gesellschaft bietet dort regelmäßig Führungen und einen spirituellen Zugang zum Werk Hildegards an. Das Gewölbe ist auch Teil des Binger Hildegardwegs, der zu insgesamt 17 Stationen führt, die einen Eindruck vom Leben und Wirken der berühmtesten Frau der Stadtgeschichte vermitteln. Wer den hinter sich gebracht hat, hat sich tatsächlich ein wenig Entspannung verdient; und eine Portion Habermus.

Hildegard-Forum der Kreuzschwestern
Rochusberg 1 · 55411 Bingen · 06721/18 10 00
betriebsleitung@hildegard-forum.de · hildegard-forum.de
Öffnungszeiten: täglich von 11.30 bis 18 Uhr (im Winter montags
geschlossen), Mittagsbuffet im Restaurant ab 11.30 Uhr

Museum am Strom
Museumsstraße 3 · 55411 Bingen · 06721/18 43 53
bingen.de/tourismus
Öffnungszeiten: Dienstag bis Sonntag von 10 bis 17 Uhr

Rupertsberger Gewölbe
Am Rupertsberg 16 · 55411 Bingen-Bingerbrück · 06721/98 43 68
i.weidner@rupertsberger-hildegardgesellschaft.de
rupertsberger-hildegardgesellschaft.de
Öffnungszeiten: im Sommer an Sonn- und Feiertagen
von 14 bis 17 Uhr, sonst nach Vereinbarung

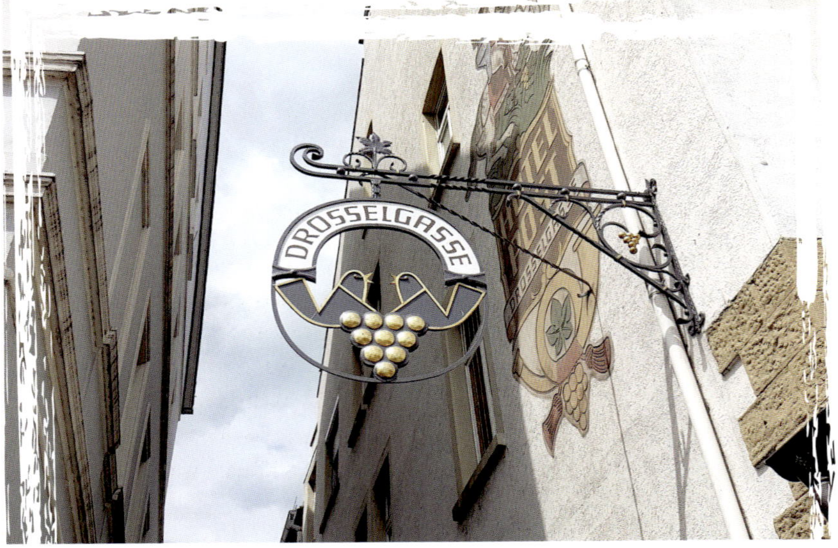
DROSSELGASSE

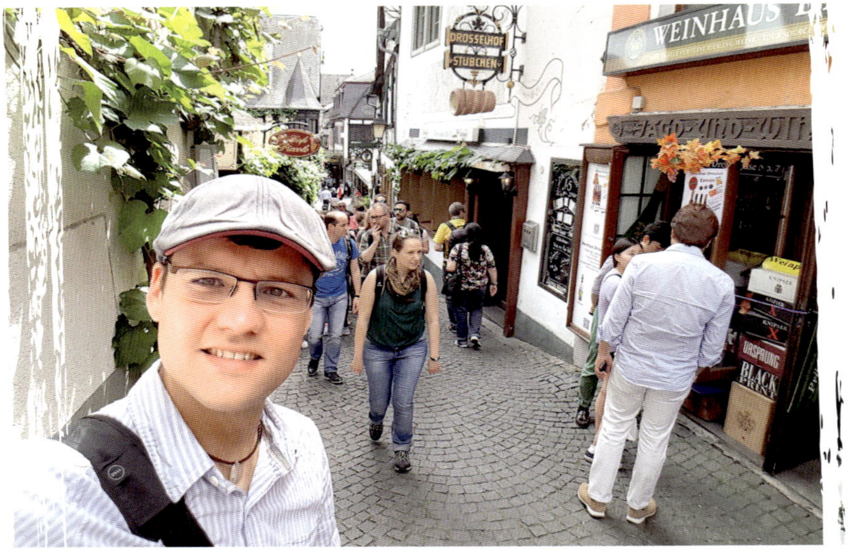
WEINHAUS
DROSSELHOF
STUBCHEN

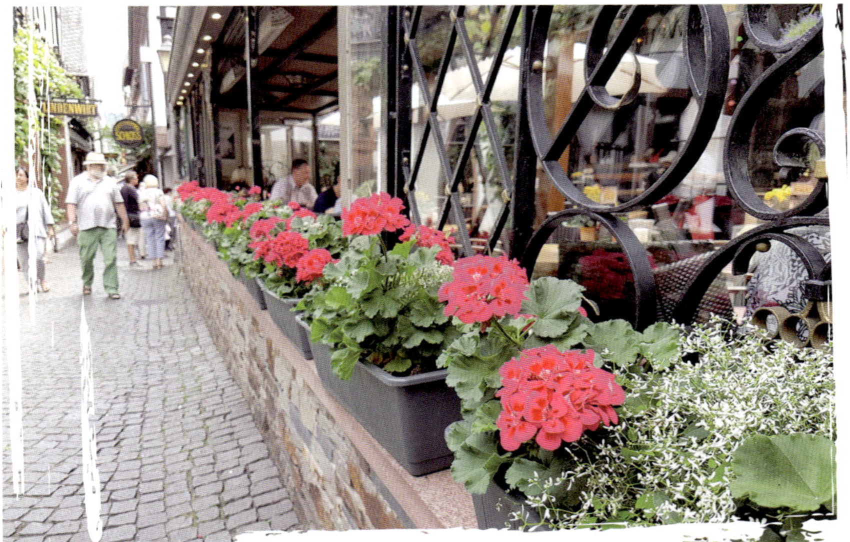

Geschichten vergangener Größe: Ein Rundgang durch Rüdesheim mit einem Reiseführer von 1979

„Man kann sie gar nicht verfehlen. (...) Und man fühlt sich sogleich hineingezogen, in die schattige Kühle, die fast überall selbst im Hochsommer vorherrscht. Die vielen bunten Wirtshausschilder leuchten den ganzen Tag über und tauchen das derbe Kopfsteinpflaster und die schönen Fachwerkhäuser in romantisch-mildes Licht. Fröhliche Menschen, junge wie alte, schlendern vorbei, kehren ein, finden Gleichgesinnte. Musik erklingt überall, aus jeder Schenke."

Es ist die berühmt-berüchtigte Rüdesheimer Drosselgasse, die hier in blumigen Worten beschrieben wird und die man angesichts dieser prächtigen Schilderung sogleich betreten möchte, um ein Teil des bunten und fröhlichen Treibens zu werden.

Nun, betreten kann man eine der bekanntesten und legendärsten deutschen Straßen natürlich noch. Doch die Atmosphäre ist heute eine andere. Die oben zitierten Worte stammen nämlich aus dem Jahr 1979 und damit aus einer Zeit, als Rüdesheim und die Drosselgasse in vollem Saft standen. Zu lesen sind sie im Buch „Rüdesheim am Rhein" von Norbert Bretschneider und Bernhard Breuer, einem Reiseführer zu einem der „berühmtesten Weinstädtchen der Welt". Der Mythos der Drosselgasse hat freilich ein wenig gelitten in den vergangenen Jahrzehnten, als sie zu einem Hort des Sauf- und Billigtourismus wurde, zum „Ballermann am Mittelrhein", wie eine große deutsche Tageszeitung im Jahr 2002 weniger blumig schrieb.

Geht man heute mit Norbert Bretschneider durch Rüdesheim, ergreift den 72-Jährigen hauptsächlich Wehmut. Sein ganzes Leben hat der Grafiker und Fotograf im Rheingau verbracht. Er hat die Nachkriegszeit noch miterlebt, als der Niederwald voller Blindgänger lag und ein gefährlicher Abenteuerspielplatz war; noch heute warnen Schilder vor Explosionsgefahr, sollte man die Waldwege verlassen. Doch so, wie sich Deutschland von den Kriegsfolgen erholen sollte, kam auch Rüdesheim zu neuer Blüte und wurde zu einem der beliebtesten und belebtesten Reiseziele in Deutschland.

Stromaufwärts

„Wen wundert's daher", schreiben Bretschneider und Breuer, „dass sich unter den zahllosen Besuchern prominente Persönlichkeiten aller Erdteile befinden. Sie kommen aus Politik und Wirtschaft, aus Kunst und Sport, weshalb das Gästebuch Rüdesheims dem einer Großstadt nicht nachsteht", notieren die beiden Autoren stolz. Die Gäste aus aller Welt wollten Sehenswürdigkeiten wie die Brömserburg sehen, die als älteste Rheinburg im Welterbegebiet gilt. Oder den Brömserhof, der „schönste aller alten Höfe" (Bretschneider/Breuer), der noch heute „Siegfrieds mechanisches Musikkabinett" beherbergt. Die Sammlung selbst spielender Instrumente des 18. bis 20. Jahrhunderts war in der Nachkriegszeit eine Attraktion. Und noch heute geht von den musealen Instrumenten, in deren mächtigen Corpussen eine sorgfältig gearbeitete Feinmechanik steckt, eine eigentümliche Faszination aus. Doch angesichts der Tatsache, dass vor allem die jüngeren unter den heutigen Touristen „selbst spielende Musikinstrumente" in den Hosentasche tragen, hat auch diese Sehenswürdigkeit ein wenig an Reiz verloren.

Das gilt auch für die einst prachtvollen Gutshöfe, die das Stadtbild von Rüdesheim prägen und stumme Zeugen der vergangenen Größe Rüdesheims sind. „Es ist halt doch vieles verkommen", stellt Norbert Bretschneider beim trostlosen Anblick der vielen verfallenen Innenhöfe, leer stehenden Gebäude und mit Graffiti beschmierten Hauswände resigniert fest. Das gilt auch für die Rheinstraße, die weniger vom geschäftigen Treiben der billigen Souvenirläden geprägt ist als vom Verkehrslärm. Damit sind gar nicht mal die Motorradkolonnen gemeint, die an den Sommerwochenenden wie eine donnernde, in Leder gekleidete Armee in die Stadt einfallen. Der Bahnlärm ist im ganzen Rheintal ein Problem. In Rüdesheim, wo täglich Hunderte nicht enden wollende Güterzüge ohne Schallschutz vorbeirumpeln, ist er besonders ohrenfällig. So ziehen sich die Touristen lieber in die Oberstraße zurück, wo durchaus das ein oder andere moderne Geschäft mit interessanten Angeboten lockt und vor allem die Reisenden aus dem asiatischen Raum im Shop von Käthe Wohlfahrt das ganze Jahr Weihnachten feiern. Wenn's denn sein muss...

Aber andererseits: Die Besucher aus Japan, China und Korea zeigen, was Rüdesheim tatsächlich geblieben ist: „Um die berühmte, ja beinahe berüchtigte rheinische Stimmung zu erleben, kommen Scharen von Touristen, sogar von Japan, Indien und Australien. (...) Auf einen Nenner gebracht: Hier passiert Völkerverständigung ohne Umschweife und diplomatische Etikette", schwärmten Bretschneider und Breuer einst über das internationale Flair Rüdesheims. Und auch wenn die Scharen etwas kleiner geworden sein mögen: Ein Besuch in Rüdesheim ist für Reisende aus dem Ausland genauso Pflicht wie ein Abstecher zur Loreley.

Und deswegen ist es noch heute ein herrliches Potpourri der Kulturen, das Rüdesheim so unverwechselbar macht. Das findet auch Dieter Lochschmidt, der als Stimmungsmusiker mit seinem Akkordeon beim „Lindenwirt" die Gäste bei Laune hält. Er findet: „Hier trifft man die ganze Welt. Wer will, kann in Rüdesheim jeden Tag internationale Freundschaften schließen." Es ist also noch nicht ganz verloren, das alte Rüdesheim. Oder besser gesagt: So langsam kommt ein Stück dessen zurück, was den Ort einst ausgezeichnet hat. Es gibt sie ja noch: Lokale wie das „Rüdesheimer Schloss", in denen man sich, wie es bei Bretschneider und Breuer steht, „mit üppiger Winzermahlzeit nach Art der Gourmets beköstigen lassen kann". Und denen man anmerkt, dass sie nicht in

Kapitel 5 · Bingen und Rüdesheim

der Zeit stehen geblieben sind. Und plötzlich fällt auf, wie modern und hell viele der alten Weinstuben inzwischen aussehen. Von Butzenglas und dunklem Eichenholz keine Spur. So langsam kommt doch so etwas wie Urlaubsstimmung auf. Erst recht, wenn man sich an einem heißen Sommertag dem Rheinufer nähert. Da geht es mitunter zu wie an einem Jachthafen am Mittelmeer. Halbstarke PS-Protzer jagen dröhnend ihre Jetskis übers Wasser und geben sich große Mühe, dem Bahnlärm Konkurrenz zu machen. Die, die es sich leisten können, fahren stolz mit ihren kleinen und größeren Motorbooten Parade, machen an einer der Rheininseln fest, werfen den Grill an und zelebrieren Rheingauer Wohlstandsgemütlichkeit.

Diejenigen, die nicht das Privileg haben, ein Boot ihr Eigen nennen zu dürfen, genießen das Flair einer Schifffahrt mit Köln-Düsseldorfer, Bingen-Rüdesheimer und Rössler-Linie. Gemütlich erleben Touristen aus aller Welt, Familien mit Kindern, Omas und Opas das Tal vom Wasser aus, immer die Kamera im Anschlag, um ja keine Sehenswürdigkeit zu verpassen. Klangvolle Namen haben diese Schiffe, benannt nach den Sehenswürdigkeiten des Welterbes: „Stolzenfels", „Ehrenfels" und natürlich die ehrwürdige „Goethe". Seit 1913 tut der letzte Raddampfer auf dem Rhein seinen Dienst und verbreitet bei den Passagieren wohlige Nostalgie. Ein Dampfer ist sie allerdings nicht mehr: Nach einem Umbau vor einigen Jahren schieben zwei kräftige Dieselmotoren die „Goethe" den Rhein auf und ab.

Und hoch über allem thront die Germania auf dem Niederwalddenkmal, immer noch in Siegerpose, obwohl der Grund dafür schon fast 150 Jahre zurückliegt. Die Besucher kümmert es wenig. Einst ein Symbol des militärischen Triumphs der Preußen über Frankreich, ist Germania heute Schauplatz für fröhliche Selfies vor der atemberaubenden Aussicht über den Rheingau und Rheinhessen. Hinauf geht es mit der Kabinenbahn, die, 1954 erbaut, ein nostalgisches Erlebnis im besten Sinne verspricht. Ungefähr zehn Minuten dauert die Auffahrt, wobei, daran hat sich auch seit 1979 nichts geändert: „Es ist eigentlich mehr ein lautloses Aufwärtsschweben." Oben angekommen, liegt der Ostein'sche Park. Zusammen mit dem Gelände rund um das Denkmal wurde die ganze Anlage „revitalisiert", wie es im Behördendeutsch heißt. Übersetzt bedeutet das: Es ist dort oben sehr schön und modern geworden. Es gibt ein neues Besucherzentrum, die Wege durch den Wald wurden erneuert, und markante Punkte wie die „Rossel" oder die „Zauberhöhle" erstrahlen in neuem Glanz. Das alles ist sehr gelungen und weiterer Beleg dafür, dass in Rüdesheim die Zeichen auf Erneuerung stehen.

Tipp: Am besten erlebt man den Park als Teil der von der Rüdesheimer Touristik angebotenen „Romantik-Tour". Die Tour führt von Rüdesheim über das Niederwalddenkmal durch den Park nach Assmannshausen. Dort geht es mit einem Sessellift wieder hinab ins Rheintal und mit dem Schiff hinüber zur Burg Rheinstein (siehe Kapitel zur Burg Rheinstein), die ebenfalls besichtigt werden kann. Danach geht es wieder mit dem Schiff nach Rüdesheim zurück. Dort kann man den Tag dann standesgemäß ausklingen lassen, vielleicht gar in der Drosselgasse mit einem Gläschen Riesling?

„Und wenn man dabei die Menschen beobachtet, die sich hier bei ihm (dem Wein) zusammenfinden, kann man sich des Eindrucks nicht erwehren, dass die Drosselgasse eine, na sagen wir, soziale Funktion ausübt. Sie schweißt hunderte von Menschen zusammen zu einer einzigen, fröhlichen, ausgelassenen (und dabei glücklichen) Familie." (Norbert Bretschneider/Bernhard Breuer, 1979)

Siegfrieds mechanisches Musikkabinett
Oberstraße 29 · 65385 Rüdesheim · 06722/49217
smmk@smmk.de · smmk.de
Öffnungszeiten: täglich von 10 bis 18 Uhr

Breuers Rüdesheimer Schloss
Steingasse 10 · 65385 Rüdesheim · 06722/90500
info@ruedesheimer-schloss.de · ruedesheimer-schloss.de

ZUM ANDENKEN
AN DIE EINMÜTHIGE
SIEGREICHE ERHEBUNG
DES DEUTSCHEN VOLKES
UND AN DIE
WIEDERAUFRICHTUNG
DES DEUTSCHEN REICHES
1870–1871

Lindenwirt
Drosselgasse · 65385 Rüdesheim · 06722/9130
info@lindenwirt.com · lindenwirt.com

Die „RMS Goethe"
KD Schifffahrtslinie · 0221/2088318 · info@k-d.com · k-d.com
Tägliche Fahrten von Anfang April bis Oktober zwischen Koblenz und Rüdesheim, erste Fahrt ab 9 Uhr am Anleger Koblenz.

Seilbahn Rüdesheim
Oberstraße 37 · 65385 Rüdesheim · 06722/2402
info@seilbahn-ruedesheim.de · seilbahn-ruedesheim.de
Tägliche Fahrten von März bis November ab 9.30 Uhr.

Romantik-Tour (Dauer: 5 bis 7 Stunden)
Von Rüdesheim über Niederwalddenkmal, Ostein'schen Park, Assmannshausen, Burg Rheinstein zurück nach Rüdesheim. Enthält Fahrt mit der Seilbahn Rüdesheim und dem Sessellift Assmannshausen, Eintritt zur Burg Rheinstein und Ticket für Schifffahrt mit der Rössler-Linie, Ticket erhältlich für 16 Euro (Erwachsene) und 8 Euro (Kinder zwischen 5 und 15 Jahren) direkt an der Seilbahn Rüdesheim oder bei der Tourist-Info Bingen.

Kapitel 5 · Bingen und Rüdesheim

Burger, Weinbar, Rotwein:
Meine Tipps für Bingen und Rüdesheim

Abschließend natürlich wieder ein paar Tipps zu Wein, Essen und Genuss in Bingen und Rüdesheim. Wie immer gilt: Die Auswahl ist subjektiv und garantiert unvollständig.

Essen

Riverside
Hindenburganlage 2 · 55411 Bingen am Rhein · 06721/400 24 83
info@riverside-bingen.de · riverside-bingen.de
Öffnungszeiten: täglich von 10 bis 22 Uhr, Küche von 12 bis 15 Uhr
und von 17 bis 21.30 Uhr (Dienstag nur reduzierte Küche)

Das Riverside ist ein Lokal mit amerikanischem Südstaaten-Flair. Der Ausblick allerdings, der ist original Mittelrhein. Empfehlung: Die Burger sind großartig.

Winzer in Bingen am Rhein

Bis jetzt habe ich fast ausschließlich Mittelrhein-Winzer vorgestellt. In Bingen bietet es sich an, auch mal in andere Anbaugebiete reinzuschnuppern. Wie erwähnt, gibt es eine Fülle von Winzern in Bingen. Hier seien exemplarisch zwei genannt.

Vinothek & Weinschule Hemmes
Grabenstraße 34 · 55411 Bingen-Kempten · 06721/1 24 20
info@weingut-hemmes.de · weingut-hemmes.de
Öffnungszeiten Vinothek: täglich von 10 bis 12 Uhr, Dienstag auch
von 14 bis 18 Uhr, Samstag auch von 10 bis 17 Uhr (im Winter
nur bis 16 Uhr), außerhalb der Öffnungszeiten nach Vereinbarung

Beim Weingut Hemmes kann man was über Wein lernen. Schließlich liegt die Vinothek in einer alten Dorfschule, die denkmalgeschützt restauriert wurde. Markant sind die mineralischen Rieslinge vom Binger Scharlachberg.

> **Gutsausschank Weingut Hildegardishof**
> Ockenheimer Chaussee 12 · 55411 Bingen am Rhein · 0 67 21/4 56 72
> weingut-hildegardishof@t-online.de · weingut-hildegardishof.de
> Öffnungszeiten Gutsausschank: Montag und
> Donnerstag von 17 bis 23 Uhr, Freitag und Samstag von
> 17 bis 24 Uhr, an Sonn- und Feiertagen von 11 bis 23 Uhr

Wie der Name vermuten lässt, hat dieses Weingut einen Bezug zu Hildegard von Bingen. Die Einzellage „Bingerbrück Hildegardisbrünnchen" gehörte früher zum Kloster Rupertsberg. Direkt an der Nahemündung gelegen, grenzt der Weinberg an die Anbaugebiete Mittelrhein, Nahe und, auf der anderen Rheinseite, den Rheingau. Das Weingut wird gemeinsam von Christiane Grünewald und Cornelia Grünewald-Gundlach betrieben.

Winzer in Rüdesheim

Genau wie in Bingen gibt es auch rund um Rüdesheim eine ganze Reihe ausgezeichneter und renommierter Weingüter. Nicht zuletzt befindet sich ganz in der Nähe die Hochschule Geisenheim, an der jedes Jahr Dutzende Studenten ihr Weinbaustudium aufnehmen. Auch hier sei nur eine kleine, unvollständige Auswahl von Rüdesheimer Winzern genannt.

Weingut Carl Ehrhard

Geisenheimer Straße 3 · 65385 Rüdesheim · 06722/47396
reservierung@cewinebar.com · carlehrhard-winebar.com
Öffnungszeiten: Donnerstag bis Sonntag von 17 bis 24 Uhr

Mit einer sehr stylishen Weinbar hat das Weingut Carl Ehrhard jüngst von sich reden gemacht. Hier darf man sich statt Wein auch mal ein Craftbeer einschenken lassen. Ja gibt's denn so was? Aber auch die charaktervollen Rieslinge aus dem 130 Jahre alten Weinkeller überzeugen.

Weingut Robert König

Landhaus Kenner · 65385 Assmannshausen · 06722/1064
info@weingut-robert-koenig.de · weingut-robert-koenig.de

Die typische Rebsorte für den Mittelrhein ist der Riesling, der mehr als 70 Prozent der Anbaufläche ausmacht. Die Ausnahme, die die Regel bestätigt, ist Assmannshausen, die Rotweinstadt schlechthin im Welterbetal (aber zum Rheingau gehörend). Vor allem der Spätburgunder wächst hier prächtig. Das Weingut Robert König zählt zu den bekanntesten Rotweinerzeugern im Rheingau.

Ende einer Rheinreise

Das war sie also, meine persönliche Rheinreise durch das Obere Mittelrheintal. Ich habe sie begonnen im Mai 2016, als ich als Burgenblogger auf die Sooneck zog. In den folgenden Monaten habe ich viele großartige Menschen kennengelernt, die mit ganz unterschiedlichen Ideen und Projekten das Obere Mittelrheintal voranbringen wollen. Was sie alle gemeinsam haben: Sie lieben ihre Heimat am Rhein. Ich hoffe, mir ist es mit diesem Buch gelungen, ein wenig von diesem Geist rüberzubringen und Sie vielleicht sogar damit anzustecken. Packen Sie das Buch ein und machen Sie sich selbst auf die Reise an den Rhein.

Was Sie hier in diesem Buch finden, ist nur ein Bruchteil dessen, was es dort alles zu entdecken gilt. Gern hätte ich Ihnen noch viel mehr Geschichten aus der Region erzählt, zum Beispiel davon, wie es ist, den Rhein mit dem Kajak hinabzufahren. Aber wie das so ist mit Projekten: Irgendwann müssen sie zum Ende kommen. Ich möchte dieses beenden mit ein paar Worten des Dankes an alle, die mir bei der Erstellung dieses Buchs mit Informationen, Kritik, Hinweisen und Ratschlägen zur Seite gestanden haben. Es sind zu viele, um sie alle aufzuzählen, aber gehen Sie davon aus, dass Ihnen viele dieser Personen beim Lesen schon begegnet sind. Ich danke meiner Familie, die es ausgehalten hat, dass ich sowohl in meiner Zeit als Blogger als auch danach für die Recherchen zu diesem Buch oft nicht zu Hause sein konnte. Zu guter Letzt danke ich Rainer Zeimentz und der Entwicklungsagentur Rheinland-Pfalz, die mir als Kooperationspartner dieses Buchs und als Mitinitiatoren des Burgenblogs überhaupt erst ermöglicht haben, das Obere Mittelrheintal so intensiv kennenzulernen. Ich bin sicher, ich bin nicht zum letzten Mal dort gewesen.

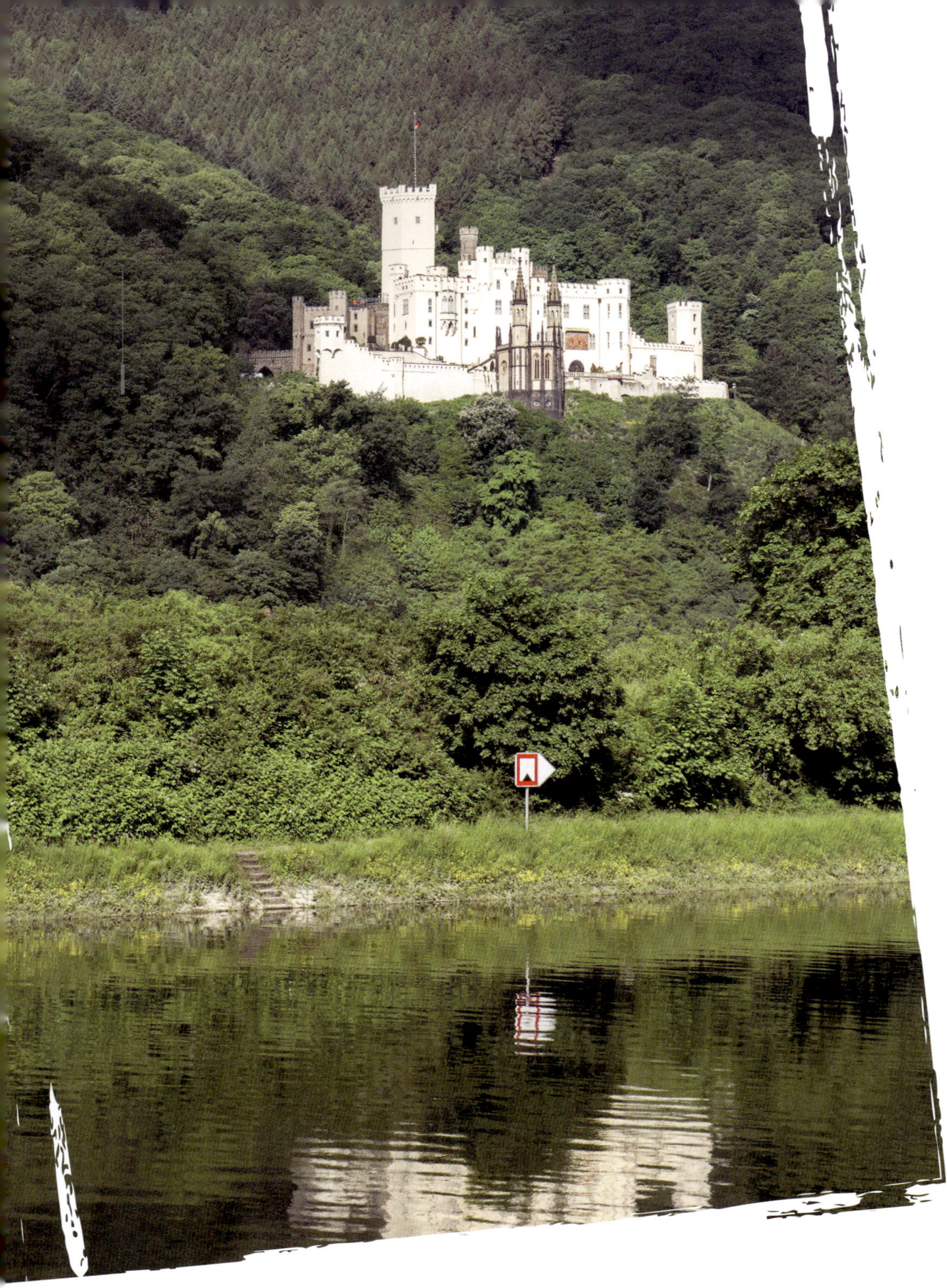

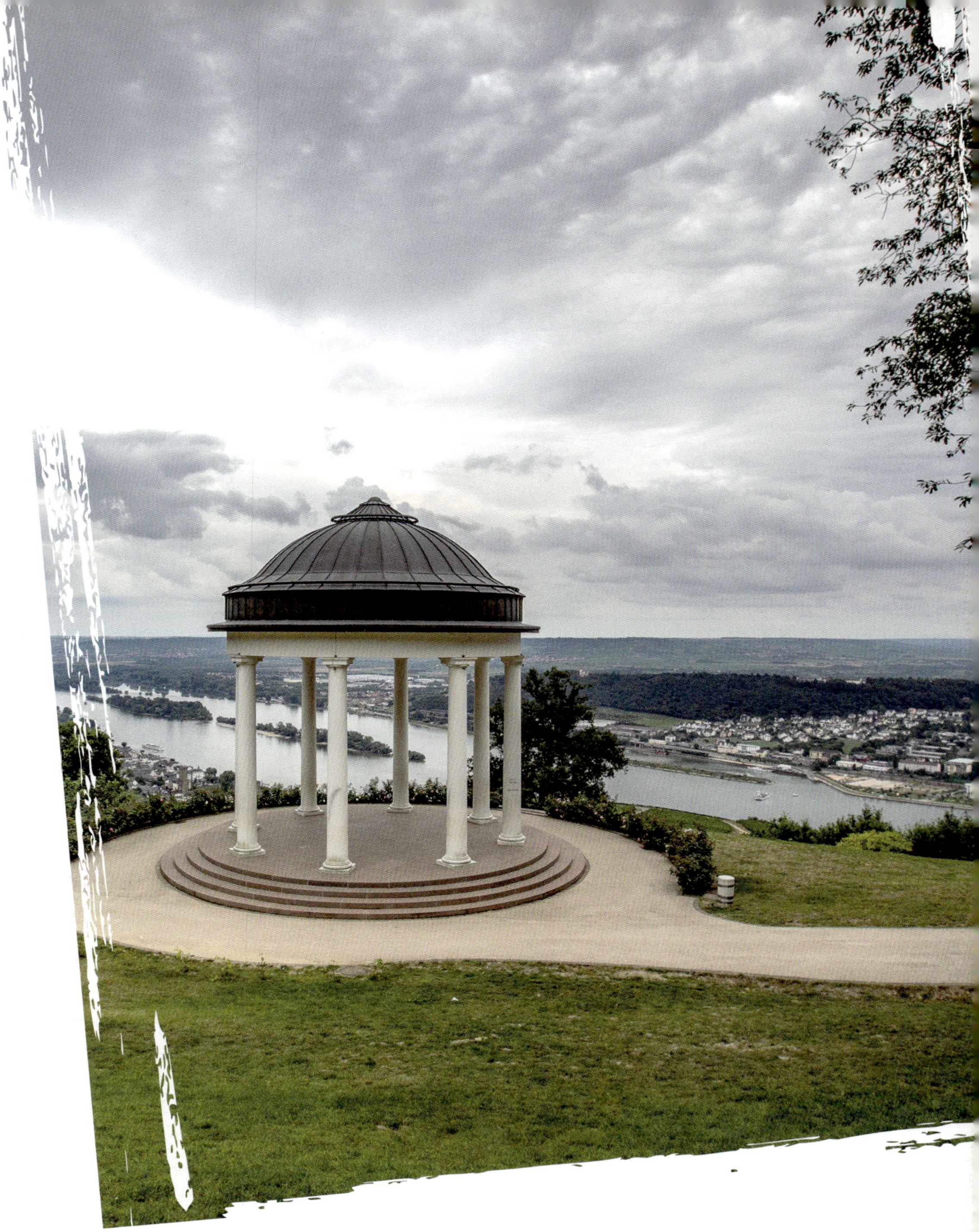

Fotonachweis

Urheber	Seite
Norbert Bretschneider · conceptdesign	197 (oben rechts)
Sandy Flechtner	48
Fotolia · aharond	20
Fotolia · Tobias Arhelger	53
Fotolia · behewa	178
Fotolia · bonniefink	159
Fotolia · Circumnavigation	93, 153
Fotolia · cmfotoworks	189
Fotolia · CPN	50, 176, Umschlag Rückseite (oben links)
Fotolia · Patrick Daxenbichler	43
Fotolia · Der Knipser	92 (links)
Fotolia · esrael_foto	151
Fotolia · fotografci	10/11, 85
Fotolia · Gina Sanders	165
Fotolia · guidowalter15	160
Fotolia · hajoes	194/195
Fotolia · Andy Ilmberger	132
Fotolia · katjaverhoeven	83
Fotolia · LianeM	130/131
Fotolia · Matthias	172/173, 191
Fotolia · mojolo	12/13, 14/15, 47, 97, 136/137, 175 (unten)
Fotolia · parallel_dream	199
Fotolia · Pecold	84, Umschlag Rückseite (oben rechts)
Fotolia · Petair	18
Fotolia · PhotoSG	134
Fotolia · pure-life-pictures	16/17, 40, 175 (oben)
Fotolia · sehbaer_nrw	198
Fotolia · smoke666	94
Fotolia · Branko Srot	92 (rechts), 168
Fotolia · Strippenzieher	140
GDKE Rheinland-Pfalz · Pfeiffer	19
Rheinhardt Hardtke	Umschlag Titelseite
Innenministerium	7
Sören Kohl	38
Guido Kreutzberg	65
Moritz Meyer	9, 21, 22, 24, 25, 27, 29, 30/31, 32, 33, 35, 36, 45, 54/55 56, 57, 59, 61, 62, 64, 66, 68, 70, 71, 72, 73, 75, 76, 78, 80, 81, 86, 87, 88, 89, 91, 99, 100, 102, 104/105, 107, 109,110, 111, 112, 113, 114, 115 (rechts), 116, 118, 121, 123, 124, 127, 128, 129, 138, 142, 143, 145, 147, 148, 149, 152, 154/155, 157, 158, 161, 163, 166, 167, 169, 170, 171, 179, 180, 182, 183, 184, 186, 187, 188, 192, 196, 197 (oben links, unten links, unten rechts), Umschlag Rückseite (unten rechts)
Anna Pfau	115 (links), 120, 125, 196 (oben links), 197 (unten MItte)
Ruth Vogel	Umschlag Rückseite (unten links)

Über den Autor

Moritz Meyer, Jahrgang 1981, lebt und arbeitet als freier Journalist, Blogger und Dozent in Köln. Von Mai bis Oktober 2016 lebte er als „Burgenblogger" sechs Monate auf der Burg Sooneck und berichtete im Netz auf burgenblogger.de über seine Erlebnisse. Seit dieser Zeit fühlt er sich dem Oberen Mittelrheintal und den Menschen, die dort leben, besonders verbunden. Seine persönliche Empfehlung für ein besonderes Mittelrheinerlebnis: das 70 Kilometer lange Welterbegebiet mal mit dem Kajak zu durchfahren.

> **Moritz Meyer**
> Dieser Reisebegleiter ist die erste Buchveröffentlichung
> von Moritz Meyer. Mehr über ihn kann man auf seiner Webseite
> moritz-meyer.net erfahren.

Der Fotograf des Titelfotos

Reinhardt Hardtke, Jahrgang 1967, fotografiert schon seit seiner Kindheit leidenschaftlich gern. Er lebt in Sankt Goar, wo die Familie seiner Frau das Hotel „Loreleyblick" führt. Der Beruf führt ihn regelmäßig nach Paderborn ins Heinz Nixdorf Museumsforum. Dort ist er für die Medien- und Veranstaltungstechnik zuständig.

Die spektakulären Landschaften des Mittelrheins bieten ihm immer wieder Inspiration für neue Motive. Viele davon veröffentlicht er im Netz, zum Beispiel in der sehr aktiven und lebendigen Mittelrhein-Community auf Facebook „Du weißt, du kommst vom Mittelrhein, wenn…".